L'ENTOMOLOGISTE AMATEUR

Les
PUBLICATIONS
DU QUÉBEC

guide

L'ENTOMOLOGISTE AMATEUR

Robert Loiselle, Daniel J. Leprince

Québec ⠶

Le contenu de cette publication a été réalisé
par le Service de recherche en phytotechnie de Québec
du ministère de l'Agriculture, des Pêcheries et
de l'Alimentation du Québec

Cette édition a été produite par
Les Publications du Québec

La photographie de la page couverture
est de Michel SAVARD, naturaliste.

Description de la photographie

Identification sur le terrain d'une libellule,
Basiaeschna Janata Say, mâle.
L'insecte, immobilisé pendant quelques minutes, est
relâché après examen.

Les illustrations ont été réalisées par
Christiane GIRARD à l'exception de celles
produites par Bernard DROUIN
Figures 2.13 C, 2.16 A, 2.21 D, 2.31, 2.33, et A.2, A.4, A.5

1er tirage: 3,000 exemplaires, mars 1987
2e tirage: 4,000 exemplaires, janvier 1988

Dépôt légal — 1er trimestre 1987
Bibliothèque nationale du Québec
Bibliothèque nationale du Canada
ISBN 2-551-08833-x

À nos épouses, Lise Auger et
Jacqueline Garand, pour la patience,
le dévouement et l'encouragement
qu'elles nous ont témoignés
au cours de la réalisation
de ce projet.

Préface

En 1974, le Ministère publiait la quatrième édition du *Guide de l'amateur d'insectes*. La popularité de cet ouvrage, épuisé depuis quelques années, nous a incités à faire produire un nouveau guide plus élaboré qui, en se basant sur l'entomofaune observée au Québec, puisse être un meilleur instrument d'initiation à l'entomologie.

Les profanes trouveront dans ce nouveau manuel des notions de base sur la vie des insectes, sur leur très grande diversité, sur les caractéristiques des ordres, ainsi que sur les méthodes d'observation et de collecte.

La vulgarisation des connaissances en entomologie présente des avantages considérables. Il est évident que l'enrichissement du savoir est en lui-même un bien, mais les applications qui en découlent en font davantage apprécier sa valeur. En effet, dans le domaine de l'agriculture, l'importance des insectes se manifeste de façon positive par l'action des espèces utiles, tels les pollinisateurs, mais hélas, également d'une façon négative par celle des insectes ravageurs.

Voilà pourquoi une connaissance approfondie des insectes et de leur rôle dans l'environnement agricole permet de protéger les cultures sans détruire les insectes utiles, indispensables à l'agriculture.

Je souhaite donc que ce nouveau guide de l'amateur d'insectes connaisse autant, sinon plus de succès que l'ouvrage précédent, et je félicite les auteurs, MM. Robert Loiselle et Daniel J. Leprince, qui ont produit un travail de vulgarisation scientifique de qualité dans le domaine de l'entomologie. Les amateurs d'insectes l'apprécieront, sans aucun doute, à sa juste valeur.

Le ministre de l'Agriculture, des
Pêcheries et de l'Alimentation du Québec

Michel Pagé
Député de Portneuf

Table des matières

CHAPITRE 3

■ Collecte et observation 75

Remerciements

Nous aimerions remercier tout spécialement les personnes suivantes pour leurs suggestions et leurs commentaires lors de l'examen des textes: Michel O'c Guibord, Jean-Marie Perron et Raymond-Marie Duchesne.

Nous tenons également à exprimer notre gratitude à toutes les autres personnes qui ont bien voulu nous faire part de leurs critiques.

Avant-propos

La présentation d'un groupe aussi diversifié et coloré que les insectes n'est pas une mince tâche. Il faut donner suffisamment d'informations au lecteur pour qu'il puisse progresser de façon autonome, tout en évitant de le perdre dans un labyrinthe de détails inutiles ou d'exceptions nombreuses.

Le *guide L'Entomologiste amateur* permet une initiation à la fois théorique et pratique à l'entomologie. Le contenu du livre se divise en deux parties d'égale importance: une présentation des insectes et du monde parfois étrange dans lequel ils évoluent, puis, une revue du matériel et des méthodes qui assistent l'entomologiste dans ses travaux.

Ce guide est une porte d'entrée sur le monde extraordinaire des insectes. Tout au long de l'ouvrage, on suggère au lecteur des travaux plus spécialisés lui permettant de progresser et de parfaire sa formation. Une préférence fut accordée aux travaux rédigés en français et traitant de l'entomofaune québécoise.

Cet ouvrage s'adresse à l'entomologiste débutant* et à tous ceux qui veulent acquérir des connaissances de base sur les insectes. Aucune connaissance préalable des insectes n'est nécessaire.

Compte tenu du souci constant de vulgariser cette «science qui étudie les insectes», nous avons utilisé le mot juste pour indiquer une structure et le nom exact d'un insecte ou du groupe auquel il appartient. Les mots plus techniques sont définis dans le glossaire présenté à la fin de l'ouvrage. Afin de faciliter ce premier contact avec l'incroyable diversité des insectes, nous nous sommes restreints à traiter des sujets adultes, très peu des larves.

Les débutants, empressés de capturer leurs premiers spécimens, négligent souvent d'accorder à l'observation toute l'importance qu'elle mérite.

---

* La forme masculine utilisée dans ce guide désigne, lorsqu'il y a lieu, aussi bien les femmes que les hommes.

En effet, les données de terrain ont autant d'importance que la collection de spécimens. Dans ce contexte, la collection n'est plus un but en soi, mais plutôt un outil de travail. Chaque insecte a donc, en plus de sa valeur esthétique, une valeur scientifique représentée par la justesse de l'identification, les données récoltées sur sa biologie, ses mœurs et son habitat. Par cette approche, nous espérons favoriser la métamorphose des «chasseurs» et des «collectionneurs» d'insectes en entomologistes à part entière.

Nous espérons que ce livre répondra aux attentes exprimées par les enseignants et les moniteurs chargés de l'initiation des jeunes aux sciences naturelles.

CHAPITRE 1

Le monde des insectes

▨ Abondance et diversité

Les insectes sont les organismes les plus abondants et les plus diversifiés de la nature. Ils appartiennent au grand phylum des arthropodes: animaux pourvus d'un squelette externe, d'un corps segmenté et d'appendices articulés. Les araignées, les crustacés et les mille-pattes sont aussi des arthropodes (voir appendice A). Les insectes se distinguent de ces groupes par la présence d'un corps divisé en trois parties: la tête, le thorax et l'abdomen. On estime que le nombre d'espèces d'insectes s'élève à plus de 750 000, soit plus de 70 % de toutes les espèces animales décrites. La faune entomologique du Canada s'élèverait à plus de 54 000 espèces dont près de la moitié ne sont ni décrites ni mentionnées dans la littérature scientifique.

Les insectes comptent parmi les premiers colonisateurs du milieu terrestre. La datation des fossiles fait remonter leur présence à plus de 350 millions d'années. Ils ont d'abord colonisé la plupart des habitats terrestres, puis les milieux aquatiques (3 % de toutes les espèces d'insectes). Absents des profondeurs océaniques, on les retrouve cependant à la surface des océans et dans la zone des marées. Les micromilieux colonisés par les insectes sont pour la plupart inaccessibles à des animaux plus volumineux.

Les insectes volaient bien avant les premiers reptiles, oiseaux et mammifères. Contrairement à ces derniers, les ailes des insectes ne se sont pas développées au détriment d'une paire de membres. Elles proviendraient d'excroissances latérales du tégument. Le fait de voler leur a certainement donné un avantage décisif sur les autres organismes terrestres en leur permettant de coloniser de nouveaux habitats, d'échapper aisément à leurs ennemis et d'accéder plus facilement à la nourriture, à un lieu de ponte ou à un partenaire sexuel.

■ Adaptation au milieu terrestre

La majorité des espèces d'insectes ont une taille inférieure à 15 mm. L'un des plus gros insectes est un coléoptère, le goliath, de la taille d'une souris adulte. À l'autre extrême, certains hyménoptères sont si petits qu'ils peuvent passer par le chas d'une aiguille. La petite taille des insectes est en partie liée à leur mode de respiration. Si l'on pouvait augmenter progressivement la taille d'un insecte, l'on verrait sa respiration devenir de plus en plus difficile et il finirait par mourir asphyxié. Ce phénomène est dû au fait que les insectes respirent à l'aide d'un système de tubes appelés trachées et trachéoles (figure 1.1) qui transportent directement l'oxygène aux tissus. Ces tubes constituent parfois jusqu'à 50 % du volume du corps. Ils s'ouvrent vers l'extérieur par de petits orifices appelés stigmates. L'insecte commande l'ouverture de ces stigmates, ce qui diminue les pertes de vapeur d'eau lors de la respiration. Ce mode de respiration est efficace pour de petits organismes mais ne peut suffire aux besoins d'organismes plus volumineux.

Pour un animal terrestre, la conservation de l'eau est d'autant plus importante que sa taille est réduite. Plus il est petit, plus grande est sa surface par rapport au volume d'eau qu'il renferme et plus il a de chances de se dessécher rapidement. Les insectes ont plusieurs façons de conserver leur eau: un exosquelette imperméable, des excrétions sèches et un contrôle de la respiration.

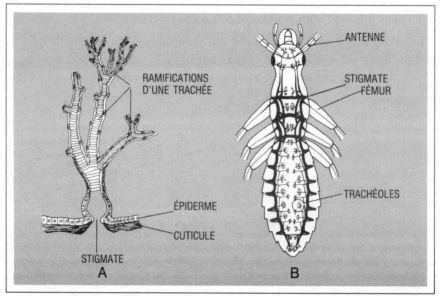

Figure 1.1 — Système respiratoire d'un insecte. A, schéma d'une portion de trachée. B, système trachéal, dessiné en noir.

L'exosquelette des insectes est recouvert d'une couche de cire qui réduit l'évaporation et permet donc la conservation de l'eau. D'autre part, l'acide urique excrété par les insectes est peu toxique et peu soluble dans l'eau, ce qui permet une économie considérable d'eau du moins si l'on compare aux animaux qui comme l'homme, excrètent de l'urée.

◼ Microhabitats

Les insectes habitent un monde qui nous est étranger, un monde composé de microhabitats. Les conditions de ces microhabitats sont si particulières (microclimat, nourriture, odeurs, couleurs et sons) qu'ils demandent des adaptations très spécifiques et souvent exclusives. Plusieurs insectes peuvent ainsi «cohabiter» sur la même plante sans jamais se croiser. Par exemple, la chenille de la piéride du chou mange les feuilles (figure 1.2), le ver gris coupe le plant à la surface du sol (figure 1.3) et l'asticot de la mouche du chou se nourrit de la racine (figure 1.4).

Figure 1.2 — Larve de piéride du chou (lépidoptère)

Les insectes qui minent les feuilles fréquentent des microhabitats où les conditions microclimatiques sont très différentes de celles de l'air ambiant. Par exemple, la mineuse de la luzerne complète son développement à l'intérieur d'une feuille de cette plante. La température de la feuille varie selon son exposition au soleil et l'heure de la journée; ainsi, elle peut être de 5°C plus élevée à 1°C inférieure à celle de l'air.

Figure 1.3 — Larve de noctuelle, aussi appelée «ver gris» (lépidoptère).

Figure 1.4 — Asticot de la mouche du chou (diptère).

■ Pollinisation

Les insectes tiennent une place de grande importance en écologie. L'évolution des plantes à fleurs et celle des insectes pollinisateurs (abeilles, guêpes, papillons et mouches) sont étroitement liées depuis plus de 35 millions d'années. Les insectes utilisent le nectar et le pollen comme ressources énergétiques et protéiques, et assurent la pollinisation croisée de plus de la moitié des plantes à fleurs. Notre monde serait fondamentalement différent si les insectes n'étaient pas présents pour assurer la pollinisation des fleurs.

■ Comportements

Les insectes présentent des comportements «préprogrammés» s'exprimant à un moment donné de leur développement et ce, sans apprentissage préalable. Ces comportements permettent aux insectes d'être fonctionnels et efficaces dans un laps de temps très court, compensant ainsi la brièveté de leur vie adulte et leur faible volume de tissu nerveux. Ces comportements programmés ont certainement contribué au succès de plusieurs groupes d'insectes. Par exemple, dès que ses ailes sont sèches, le papillon émergeant de sa chrysalide est prêt à prendre son envol et à butiner les fleurs. Toute sa vie larvaire ne s'était pourtant résumée qu'à se nourrir et se déplacer sur de courtes distances. Il est difficile de comprendre comment de tels changements de comportements s'opèrent si soudainement.

Les réactions d'un insecte sont souvent spontanées, c'est-à-dire qu'elles se produisent dès la première rencontre avec un stimulus particulier: présence de molécules particulières (odeurs), d'ondes dans l'air (sons) ou dans l'eau, de variations d'intensité lumineuse ou de température. Par exemple, la trompe d'un papillon se déroule automatiquement lorsque ses tarses antérieurs touchent un liquide sucré; c'est un réflexe. Un autre type de réaction spontanée est appelé taxie; il s'agit du déplacement d'un insecte vers (ou dans la direction opposée à) un stimulus. Par exemple, la lumière attire certains insectes nocturnes alors qu'elle fait fuir les blattes et les larves de mouches.

D'autre part, les insectes montrent une certaine capacité d'apprentissage. La forme la plus simple consiste à ne plus réagir à certains stimuli répétés qui ne sont pas importants pour leur survie; un tel comportement leur permet de déceler rapidement toute stimulation inhabituelle. Certains papillons peuvent associer la couleur à l'odeur des fleurs, ce qui les rend plus efficaces dans la recherche d'une source de nectar. Enfin, plusieurs hyménoptères, en particulier les abeilles et les guêpes, peuvent reconnaître et mémoriser des points de repère situés aux environs de leur nid; leur retour au nid en est ainsi facilité.

Selon plusieurs éthologistes et physiologistes, les insectes sont incapables de compréhension et de raisonnement. Cependant, ils présentent des comportements d'une variété quasi infinie et les connaissances que nous en avons sont encore très fragmentaires.

■ Morphologie

■ Squelette externe

Le corps d'un insecte est divisé en trois parties distinctes: la tête, le thorax et l'abdomen (figure 1.5). La paroi du corps d'un insecte, ce qu'on voit en l'examinant, constitue en fait son squelette. Il est formé de plaques dures, appelées sclérites, réunies par des membranes souples; celles-ci permettent aux segments du corps et aux articles des appendices (antennes, pattes, cerques) d'effectuer des mouvements variés.

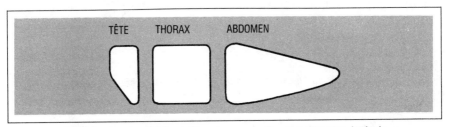

Figure 1.5 — Les trois parties du corps d'un insecte, vue latérale.

Ce squelette externe (ou exosquelette) est en partie composé de chitine et de protéines. Le mot chitine dérive du mot «chiton» qui désigne l'armure en cotte de maille portée par les guerriers grecs de l'Antiquité. Ce squelette est plus ou moins rigide: le corps du hanneton est très dur alors que celui d'une chenille est mou.

L'exosquelette des insectes comporte plusieurs avantages. La forme tubulaire des membres d'un insecte combine solidité et légèreté. À poids égal, un cylindre comme le fémur d'un insecte est plus résistant qu'un os de vertébré. À cause de leur petite taille, leur système musculaire est, toutes proportions gardées, plus efficace que celui d'organismes plus gros.

■ Tête

La tête comprend cinq ou six segments parfaitement fusionnés en une capsule céphalique. Elle porte généralement les yeux, les antennes et les pièces buccales (figure 1.6).

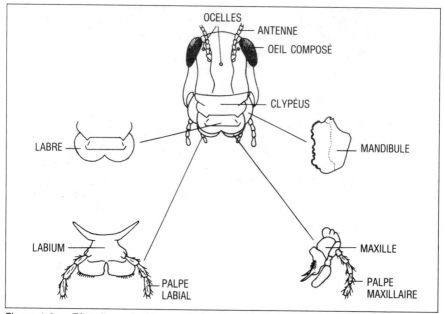

Figure 1.6 — Tête d'un criquet, vue de face, et détail des pièces buccales.

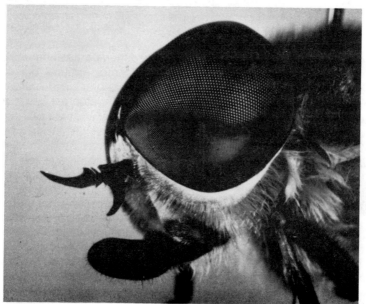

Figure 1.7 — Tête d'un taon (diptère). Des milliers de facettes se dessinent à la surface des yeux composés.

Figure 1.8 — Détail de la tête d'un bourdon (hyménoptère). Les trois ocelles sont bien visibles, disposés en triangle entre les yeux composés.

Les insectes adultes possèdent souvent deux types d'yeux: les ocelles et les yeux composés. Ces derniers se situent sur les côtés de la tête; ils sont constitués d'une dizaine à plusieurs milliers de minuscules unités appelées ommatidies (figure 1.7). Chacune d'elles nous apparaît comme une toute petite surface hexagonale que l'on nomme facette. Chez un grand nombre d'insectes s'ajoutent des yeux simples ou ocelles (figure 1.8). Le criquet en possède trois: deux latéraux, situés entre la base des antennes et la partie supérieure des yeux composés, et un médian, au milieu du front (figure 1.6). Les ocelles discernent l'intensité lumineuse alors que les yeux composés donnent à l'insecte une vision «en mosaïque» de son environnement.

Les antennes peuvent prendre une grande variété de formes (figure 1.9). Chez le criquet, elles sont courtes, filiformes et composées d'un grand nombre d'articles. Logées sur le front, elles sont très mobiles et servent d'organes de l'odorat, de l'ouïe et du toucher. Ces fonctions multiples sont assurées par différents types de récepteurs sensoriels.

La partie ventrale de la tête porte six pièces buccales: deux mandibules, deux maxilles, une lèvre supérieure (labre) et une lèvre inférieure (labium). On distingue quatre principaux types d'appareil buccal: broyeur, broyeur-lécheur, suceur et piqueur-suceur. Chez les insectes broyeurs, tel le criquet (figure 1.6), les mandibules sont trapues, dures, dentées sur leur face interne; elles servent à broyer les aliments. Les maxilles sont aplaties et servent à orienter la nourriture; leur base porte un palpe de cinq articles. Le labre et le labium sont larges et minces. Ils ferment la cavité buccale et permettent ainsi l'accumulation d'aliments insalivés entre deux déglutitions. Les palpes labiaux et les palpes maxillaires manipulent et goûtent les aliments.

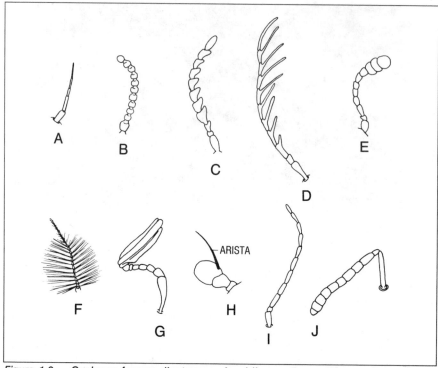

Figure 1.9 — Quelques formes d'antennes. A, sétiforme. B, moniliforme. C, serriforme. D, pectinée. E, claviforme. F, plumeuse. G, lamellée. H, aristée. I, filiforme. J, coudée ou géniculée.

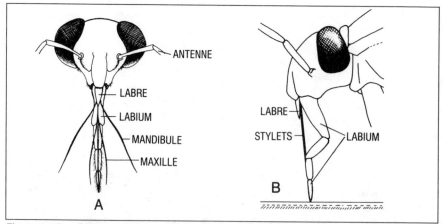

Figure 1.10 — Pièces buccales d'une punaise (hémiptère). A, tête vue de face, avec les stylets (mandibules et maxilles) à l'extérieur du labium. B, tête, vue latérale; position des pièces buccales lors d'un repas.

De type piqueur-suceur, les pièces buccales des punaises sont très modifiées. Les mandibules et les maxilles sont transformées en stylets (figure 1.10 A). Ils leur permettent de percer les tissus des plantes ou la cuticule d'autres insectes pour en aspirer les liquides. Au repos, ces stylets s'insèrent dans le labium. Ce dernier est ouvert comme une gouttière et se compose de trois ou quatre articles cylindriques. Lorsqu'une punaise phytophage fait pénétrer ses stylets dans les tissus d'une plante, le labium reste à l'extérieur et se plie vers l'arrière (figure 1.10 B).

La mouche domestique possède des pièces buccales de type suceur. Son labium bilobé est creusé de petites gouttières sur la face ventrale. Lorsque le labium de la mouche se pose sur une surface liquide, celui-ci monte par capillarité dans les petites gouttières et est ensuite aspiré dans la bouche. Les papillons sont aussi des suceurs (figure 1.11); ils aspirent le nectar des fleurs grâce à un long tube enroulé sous la tête au repos. Ce tube provient de la réunion des deux maxilles modifiées.

Les broyeurs-lécheurs, comme les abeilles et les bourdons, ont des mandibules trapues et un labium pourvu d'une longue glosse. Cette «langue» leur permet d'aspirer le nectar des fleurs.

Figure 1.11 — Papillon du céleri (lépidoptère) s'apprêtant à se nourrir du nectar d'une fleur à l'aide de sa trompe déroulée.

■ Thorax

Situé entre la tête et l'abdomen, le thorax assure la locomotion de l'insecte. Il porte trois paires de pattes et souvent une ou deux paires d'ailes. On y trouve la majeure partie du système musculaire.

Le thorax comprend toujours trois segments (figure 1.12): un segment antérieur (prothorax), un segment médian (mésothorax) et un segment postérieur (métathorax). Chacun d'eux se divise en trois régions distinctes: un notum en position dorsale, un sternum en position ventrale et des pleures sur les côtés.

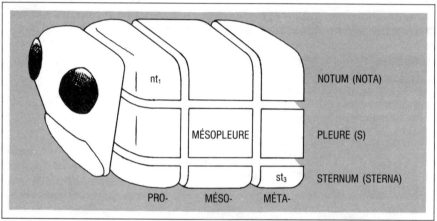

Figure 1.12 — Schéma de la tête et du thorax d'un insecte, vue antéro-latérale. Le thorax est éclaté, montrant chacune de ses parties, nt_1, pronotum; st_3, métasternum.

Chaque segment thoracique porte ventralement une paire de pattes (figure 1.13) fréquemment désignées selon leur point d'attache au thorax: les pattes prothoraciques, mésothoraciques et métathoraciques. Ces pattes se composent de cinq parties: la coxa (hanche), le trochanter, le fémur, le tibia et le tarse. Le tarse compte de un à cinq articles, le dernier portant généralement une paire de griffes. La patte s'articule au thorax par la coxa.

La figure 1.14 présente diverses adaptations rencontrées chez des insectes de groupes très différents. Les pattes de coureurs sont longues, grêles et semblables entre elles (figure 1.14 A). Adaptées au saut, les pattes métathoraciques des criquets, des grillons et des sauterelles possèdent un fémur très développé (figure 1.14 B).Les pattes prothoraciques des mantes sont qualifiées de ravisseuses (figure 1.14 C); l'opposition d'un tibia et d'un fémur dentés facilite la capture d'insectes. Les pattes de nombreux insectes aquatiques sont aplaties et frangées de poils (figure 1.14 D), ce qui augmente l'efficacité de leurs mouvements. Enfin, les pattes métathoraciques de l'abeille domestique et des bourdons sont très spécialisées (figure 1.14 E).

Le premier article du tarse est pourvu de peignes sur sa face interne. Ceux-ci recueillent le pollen déposé sur le corps de l'insecte. Le pollen s'accumule sur la face externe des tibias par le frottement des deux pattes postérieures. Les tibias métathoraciques sont larges, concaves et frangés de longs poils; ils portent le nom de corbeilles à pollen.

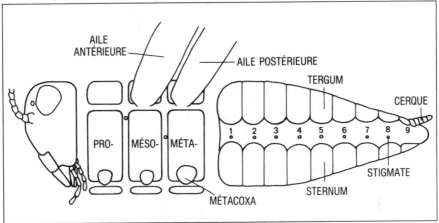

Figure 1.13 — *Schéma d'un insecte, vue latérale; segmentation du corps et position des appendices.*

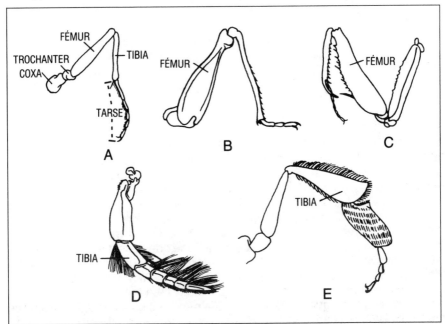

Figure 1.14 — *Quelques formes de pattes. A, coureuse (cicindèle). B, sauteuse (criquet). C, ravisseuse (mante). D, nageuse (dytique). E, cueilleuse de pollen (abeille).*

Figure 1.15 — Émergence d'une libellule. Les ailes sont parcourues d'un grand nombre de nervures.

Chez la plupart des espèces, les adultes ont deux paires d'ailes. Les ailes antérieures s'attachent à la partie supérieure du mésothorax (figure 1.13); elles peuvent être membraneuses (diptères, hyménoptères), légèrement épaissies (orthoptères, hétéroptères) ou dures (coléoptères). Fixées au métathorax, les ailes postérieures sont membraneuses ou transformées en balanciers chez les diptères (figure 2.1). La membrane de l'aile est soutenue par des tubes longs et fins appelés nervures (figure 1.15). Les nervures longitudinales s'étendent de la base à l'apex de l'aile, tandis que les nervures transversales vont de la marge antérieure à la marge postérieure de l'aile. Elles dessinent des formes plus ou moins complexes qui sont stables selon les groupes d'insectes (figures 2.6 et 2.7). La taille, la forme et la texture des ailes ainsi que la disposition des nervures sont largement utilisées lors de l'identification.

■ Abdomen

L'abdomen renferme la majeure partie du système digestif ainsi que les systèmes excréteur et reproducteur. Il se compose de 11 segments ou moins, dont chacun comprend une plaque dorsale (tergum) et une plaque ventrale (sternum) reliées par des membranes latérales plus ou moins évidentes (figure 1.13). Ces membranes élastiques permettent à l'abdomen de se gonfler et de reprendre sa forme initiale lorsque l'insecte respire ou s'alimente. Les huit premiers segments abdominaux portent une paire de stigmates (ouvertures du système respiratoire; figure 1.13).

Les huitième et neuvième segments abdominaux portent les pièces génitales. Celles-ci forment l'oviposteur des femelles et l'organe copulateur des mâles. Chez plusieurs groupes d'insectes, les pièces génitales sont internes, dissimulées par les derniers segments abdominaux. Le détail de ces structures complexes déborde le cadre de cet ouvrage.

Chez plusieurs ordres d'insectes, l'extrémité de l'abdomen porte une paire de cerques de longueur et de forme très variables. Les éphémères et les lépismes ont deux longs cerques qui accompagnent le filament terminal, sorte de long prolongement du onzième tergum. Chez les odonates, le mâle utilise les appendices situés au bout de son abdomen pour saisir la femelle à la tête et au prothorax. Les cerques des dermaptères (figure 2.15) sont longs et développés en forme de pinces chez le mâle; ce dernier les utilise pour se défendre ou pour saisir de petites proies.

■ Organes des sens

En plus des yeux et des antennes, il y a d'autres organes des sens distribués en de multiples points du squelette externe des insectes. Par exemple, la mouche possède plus de 3 000 soies olfactives sur ses pattes et plus de 250 autres récepteurs localisés sur ses pièces buccales. Certaines soies servent à déceler l'odeur et le goût de la nourriture; d'autres informent la mouche de la présence de courants d'air, de bruits ou encore de la position de ses membres par rapport au corps. C'est pourquoi il n'est pas rare de la voir consacrer une partie importante de son temps à faire sa toilette.

Selon les groupes d'insectes, un type de récepteur peut se localiser à divers endroits de leur corps. Par exemple, les tympans se situent sur le premier segment abdominal des criquets, des cigales et des noctuides mais se trouvent sur les pattes antérieures des sauterelles et des grillons.

■ Développement

La présence d'un exosquelette rigide exige que la croissance s'opère par mues successives. L'ancienne «peau», devenue trop petite, est déchirée et remplacée par une nouvelle, plus grande. La plupart des insectes muent plusieurs fois avant d'atteindre le stade adulte. Au cours de ces périodes, l'alimentation cesse temporairement et plusieurs transformations apparaissent.

Précisons qu'une fois parvenus à l'état adulte, la majorité des insectes ne subissent plus de mues; la croissance est arrêtée. Une petite mouche, par exemple, ne deviendra jamais une grosse mouche. Ces deux individus proviennent de deux asticots (larves) de taille différente et appartiennent probablement à des espèces différentes.

Les collemboles et les thysanoures adultes sont dépourvus d'ailes. Ils diffèrent des jeunes larves par leur taille et leur maturité sexuelle. Ces groupes primitifs sont considérés comme amétaboles car ils ne subissent pas de vraie métamorphose (changement de forme).

Par contre, les insectes ailés (ptérygotes) sont divisés en deux groupes majeurs selon leur type de développement ou de métamorphose, les hémimétaboles et les holométaboles. Certains parasites, comme les poux et les puces, vivent sur leur hôte et ont perdu leurs ailes au cours du long processus de l'évolution; ils sont toutefois considérés comme des ptérygotes.

Chez les insectes à métamorphose incomplète (hémimétaboles; figure 1.16), les larves et les adultes se ressemblent et possèdent généralement le même type de pièces buccales (ex.: hémiptères, orthoptères, odonates). De l'œuf éclot une larve, et au cours de mues subséquentes, les ébauches alaires apparaissent et s'allongent. L'adulte est ailé et apte à la reproduction.

Chez les insectes à métamorphose complète (holométaboles; figure 1.17), on constate des changements radicaux dans la forme et les habitudes alimentaires des larves et des adultes. Le cycle vital débute habituellement par un œuf, lequel est suivi de plusieurs stades larvaires, d'un stade pupal généralement immobile (pupe, chrysalide ou nymphe) et finalement du stade adulte. C'est au cours des stades larvaires que s'effectue la majeure partie de la croissance. Les larves de mouches augmentent ainsi plus de mille fois leur poids en l'espace de quatre à cinq jours. Les ailes ne se développent pas à l'extérieur du corps comme chez les larves des hémimétaboles. Au cours du stade pupal, l'insecte ne se nourrit pas. Les tissus larvaires sont en partie digérés et les organes adultes se forment. Les adultes sont habituellement ailés et aptes à la reproduction.

Figure 1.16 — Stades de développement d'un insecte hémimétabole, la punaise velue (hémiptère). A, œuf. B, C et D, larves. E, adulte ou imago (d'après Ross et al.).

Figure 1.17 — Stades de développement d'un insecte holométabole, le hanneton (coléoptère). A, œuf. B et C, larves. D, pupe. E, adulte ou imago. (d'après Ross et al.).

Il y a six fois plus d'espèces holométaboles que d'espèces hémimétaboles. L'abondance des espèces holométaboles (diptères, lépidoptères, trichoptères, coléoptères, etc.) serait en partie liée au fait que les larves et les adultes ont des mœurs très différentes et qu'ils ne compétitionnent pas pour la nourriture ou l'habitat. Par exemple, la plupart des larves de lépidoptères sont phytophages et possèdent des pièces buccales broyeuses alors que les adultes se nourrissent de nectar avec des pièces buccales suceuses.

☐ *Ouvrages suggérés: Borror et White (1970); Chauvin (1967); Colas (1969); Daly et al. (1978); Linsenmaier (1973); Parenti (1969); Pihan (1977); Robert (1960); Rowland-Entwistle (1977); Sandved et Emsley (1978); Wigglesworth (1970); Zanetti (1976).*

CHAPITRE 2

Les ordres d'insectes

■ Classification

Avec plus de 54 000 espèces d'insectes au Canada et plus de 750 000 à travers le monde, les entomologistes ont besoin d'un système de classification bien structuré.

La systématique biologique est la science qui étudie la diversité des organismes vivants et fossiles. Un de ses objectifs vise à grouper les organismes partageant un ensemble de caractères pour ensuite les classer, c'est-à-dire les ranger dans une catégorie. Par exemple, les insectes qui ont une seule paire d'ailes et deux balanciers (ailes postérieures modifiées) appartiennent à l'ordre des diptères. Cette double opération (grouper et classer) s'appelle la classification.

Tableau 2.1 — Principaux taxons utilisés pour situer la guêpe commune à l'intérieur du règne animal

CATÉGORIES	TAXONS
Phylum........................	Arthropodes
Classe	Insectes
Ordre	Hyménoptères
Famille.................	Vespides
Genre	*Vespula*
Espèce	*vulgaris*

Le système comprend une série de catégories présentées selon un ordre hiérarchique croissant: espèce, genre, famille, ordre, classe et phylum. Dans l'exemple donné au tableau 2.1, *vulgaris* est le nom d'espèce de la guêpe commune. Celle-ci, avec huit autres espèces de guêpes du Québec, appartient au genre *Vespula*. Ce genre se caractérise entre autres par la construction de nids souterrains. Le genre *Vespula* partage avec un autre genre certains caractères morphologiques propres à la famille des vespides (guêpes sociales). Les vespides ont deux paires d'ailes membraneuses, lesquelles sont en vol reliées par une série de crochets minuscules, ce qui constitue une caractéristique de l'ordre des hyménoptères. Ces derniers ont un corps divisé en trois parties (tête, thorax et abdomen) et trois paires de pattes; ils font partie de la classe des insectes. Les insectes, tout comme les araignées, les tiques, les mites, les crustacés et les myriapodes sont classés dans le grand phylum des arthropodes (organismes aux pattes articulées).

La catégorie de base est donc l'espèce, soit un ensemble d'individus:
1) capables de se féconder et de produire des descendants féconds;
2) généralement incapables de se reproduire avec des individus appartenant à d'autres espèces;
3) d'aspect très semblable.

Chaque espèce est décrite par un nombre variable de caractères morphologiques précis. La physiologie, la biochimie, l'éthologie, l'étude des chromosomes et des stades immatures peuvent aussi contribuer à établir le portrait d'un espèce.

■ Nomenclature

Dans l'exemple du tableau 2.1, *Vespula vulgaris* et guêpe commune correspondent au même ensemble d'individus, à la même espèce. Les animaux, tout comme les plantes, possèdent un seul nom scientifique et quelquefois un ou plusieurs noms vernaculaires (noms communs). L'objectif principal de la nomenclature est de nommer les espèces, les genres et les autres taxons.

■ Noms scientifiques

L'attribution des noms scientifiques est faite par des taxonomistes qui doivent suivre un code de règles reconnues internationalement. Les scientifiques utilisent une nomenclature binômiale où chaque organisme est désigné par un nom de genre et un nom d'espèce. Il en est ainsi depuis 1758, année de la parution de la dixième édition de *Systema Naturae* du naturaliste suédois Carl von Linné.

Les noms de genre et d'espèce sont toujours écrits en latin et imprimés en caractères italiques: *Apis mellifera* Linné (abeille domestique). Lorsque l'italique n'est pas disponible, ils sont soulignés séparément: Apis mellifera Linné. Le nom de genre prend toujours une majuscule initiale. Le nom d'espèce est généralement suivi du nom de l'entomologiste qui l'a décrite, Linné dans l'exemple ci-dessus. Par suite de la révision d'un groupe, une espèce peut être transférée d'un genre à un autre; le nom de l'auteur apparaît alors entre parenthèses. C'est le cas pour l'espèce *vulgaris*, décrite en 1758 par Linné à l'intérieur du genre *Vespa*, et transférée plus tard au genre *Vespula*. Le nom scientifique de la guêpe commune est actuellement *Vespula vulgaris* (Linné).

Au premier abord, les noms scientifiques peuvent paraître rébarbatifs mais leur utilisation présente des avantages considérables. Étant reconnus mondialement par les spécialistes de tous les domaines de la biologie, ils sont écrits en latin quelle que soit la langue utilisée dans les milliers d'articles scientifiques écrits chaque année. Il est alors possible, en utilisant des périodiques spécialisés (*Biological Abstracts, Entomological Abstracts,* etc.) de savoir tout ce qui a été publié sur une espèce ou un groupe d'espèces. Le nom scientifique d'une espèce est donc la clé de voûte d'une multitude d'informations.

En lisant des ouvrages spécialisés, on peut découvrir la signification d'un bon nombre de noms scientifiques. Par exemple, le nom de genre correspond parfois au nom latin d'un insecte. Le nom français dérive alors directement du latin: *Apis,* abeille; *Blatta,* blatte; *Carabus,* carabe; *Formica,* fourmi; *Gryllus,* grillon; *Musca,* mouche; *Vespula,* petite guêpe. Fréquemment les noms de genres ou d'espèces réfèrent à des caractéristiques **morphologiques** (*Macrodactylus,* grand doigt; *pygmaeus,* pygmée; *Conocephala,* tête conique; *Leptothorax,* thorax élancé; *flavipilosa,* à pilosité jaune; *septempunctata,* à 7 points; *vespiformis,* de la forme d'une guêpe), **écologiques** (*Hydrophilus,* aime l'eau; *Ammophila,* aime le sable; *silvestris,* de la forêt; *terricola,* terricole), **éthologiques** (*Notonecta,* nage sur le dos; *saltatorius,* sauteur) ou **géographiques** (*quebecensis, canadensis, americanus, borealis, occidentalis*). On reconnaît parfois des **noms de personnes:** *provancheri,* l'abbé Léon Provancher fut un entomologiste québécois du XIXe siècle dont les travaux ont surtout porté sur les hyménoptères; *kiteleyi* vient de Kiteley, un entomologiste amateur du Québec passionné par l'étude des coléoptères. Enfin, certains noms sont de pures créations fantaisistes.

■ Noms vernaculaires

Moins de 10% des espèces recensées au Canada possèdent un nom vernaculaire. Cette situation est en partie liée à la faible taille d'un grand nombre d'espèces, les rendant seulement accessibles aux professionnels et non au public ou aux entomologistes amateurs. Il existe un répertoire des noms vernaculaires (français et anglais) et des noms scientifiques d'insectes les plus connus qui ont une importance économique (Benoit 1985).

Les noms vernaculaires sont plus ou moins précis. Il en existe souvent plusieurs pour un même groupe ou une même espèce. Ils ont le désavantage de varier selon les langues, les régions et les cultures, et peuvent même induire en erreur. Par exemple, l'usage a consacré des noms comme «mouches blanches» qui sont en réalité des aleurodes (hémiptères), «mouches à feux» qui sont des lucioles (coléoptères), et «mouches à scie» qui sont des tenthrèdes ou des diprions (hyménoptères). On devrait réserver le mot mouche aux diptères à antennes courtes pour éviter toute confusion.

■ Identification

Identifier un insecte consiste à reconnaître l'ordre, la famille, le genre ou l'espèce qu'il représente. Cette opération se fait le plus souvent à l'aide de clés dichotomiques préparées par les spécialistes des divers groupes.

Une clé dichotomique comprend une série plus ou moins longue de couplets numérotés. Chaque couplet met en opposition des caractères distinctifs permettant de faire un choix: les caractères de l'insecte à identifier correspondent-ils à la première ou à la seconde proposition? Lorsqu'une proposition renferme plus d'un caractère, le plus sélectif paraît en premier, les autres suivent selon un ordre décroissant d'importance. Les caractères secondaires confirment souvent le choix fait grâce au premier caractère. Ils peuvent aussi remplacer ce dernier lorsque les pièces correspondantes sur les spécimens sont endommagées ou absentes. Chaque proposition renvoie à un autre couplet (un numéro est alors indiqué) ou identifie le taxon recherché (nom de l'ordre, de la famille, etc.). Le numéro du couplet est suivi d'un deuxième, mis entre parenthèses; celui-ci permet de retourner au couplet venant tout juste d'être vu. Il devient ainsi possible de travailler la clé dans les deux sens.

La clé présentée dans cette section permet l'identification à l'ordre de la majorité des **insectes adultes** trouvés au Québec. Dans le but de la rendre plus accessible, nous avons négligé un certain nombre d'exceptions. Ainsi, les quelques espèces de sauterelles, de mouches et de papillons qui n'ont pas d'ailes au stade adulte resteront des cas problèmes, jusqu'à ce que l'on puisse les reconnaître par leurs autres caractéristiques. Enfin, lors des premiers essais, on choisira des spécimens complets, de taille moyenne ou grande.

Pour mieux comprendre le fonctionnement de la clé, voici en détail les étapes à franchir pour identifier un papillon à l'ordre. Le premier couplet demande de vérifier la présence d'ailes sur le spécimen. Ce dernier étant ailé, on choisira la première proposition qui renvoie au couplet 2. L'insecte a-t-il une ou deux paires d'ailes? Le papillon a bien deux paires d'ailes. Le second caractère, «ailes postérieures non réduites en massues», renforce le premier. Au couplet 3, la texture des ailes antérieures est en cause; les ailes du papillon sont membraneuses. Cette fois, le second caractère «ailes le plus souvent transparentes» ne s'applique pas; en effet, des écailles opaques recouvrent complètement les ailes chez la majorité des espèces du Québec. On retient quand même la première proposition et on passe au couplet 4. Aux couplets 4 et 5, on s'aperçoit facilement que le spécimen diffère des panorpes et des thrips, ce qui renvoie au couplet 6. Les ailes couvertes d'écailles et la trompe enroulée caractérisent un lépidoptère.

On peut identifier au genre et même à l'espèce les papillons diurnes et les gros papillons nocturnes en les comparant simplement aux illustrations de manuels d'identification des lépidoptères. Un tel exercice est beaucoup moins valable avec les autres ordres d'insectes, en raison surtout de deux faits importants: le grand nombre d'espèces rencontrées dans plusieurs groupes et les nombreux cas de mimétisme. Par exemple, certaines espèces de syrphes (diptères) imitent à s'y méprendre les abeilles, les bourdons ou les guêpes (hyménoptères). Donc, le plus souvent, il faudra faire appel à l'outil par excellence de l'entomologiste, la clé dichotomique.

■ Clé simplifiée des ordres d'insectes (adultes)

La colonne ombrée indique la page à laquelle figure la description de l'ordre.

1. Insecte ailé 2
   Insecte sans ailes 20

2(1). Une seule paire d'ailes; ailes postérieures réduites à de petites massues appelées balanciers (haltères) (figure 2.1) . . . . DIPTÈRES   56

        Deux paires d'ailes; ailes postérieures non réduites en petites massues 3

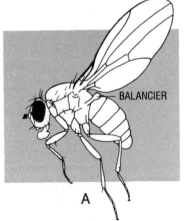
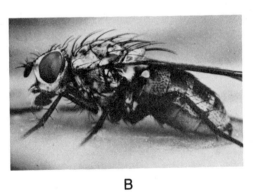

BALANCIER

A   B

Figure 2.1 — Deux diptères, vue latérale. A, schéma d'une drosophile. B, photographie d'une mouche.

3(2). Ailes antérieures membraneuses; ailes le plus souvent transparentes 4

        Ailes antérieures durcies ou légèrement épaissies, du moins à la base; ailes opaques 15

4(3). Tête prolongée ventralement en un rostre caractéristique, à l'extrémité duquel se trouvent deux petites mandibules (figures 2.2 et 2.24) (panorpes) . . . . MÉCOPTÈRES   65

Tê·ə de forme différente; si présence d'un rostre, mandibules non apparentes   5

5(4). Ailes très étroites, frangées de longs poils (figure 2.3); tarses de un ou deux articles; insectes minuscules, habituellement moins de 5 mm de long (figure 2.32) (thrips) . . . . THYSANOPTÈRES   72

Ailes différentes; si les ailes sont très étroites, les tarses ont plus de deux articles; taille variable . .   6

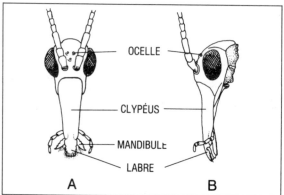

Figure 2.2 — Tête d'une panorpe (mécoptère). A, vue de face. B, vue latérale.

6(5). Ailes couvertes de minuscules écailles (figure 2.4); pièces buccales en forme de longue trompe enroulée (figure 2.5) (papillons) . . . . . . LÉPIDOPTÈRES   63

Ailes poilues ou glabres, non couvertes d'écailles; pièces buccales différentes, non en forme de trompe enroulée   7

7(6). Ailes antérieures couvertes de soies; allure de papillon (figure 2.34) (phryganes) . . . . . . TRICHOPTÈRES   74

Ailes antérieures glabres ou soies seulement sur les nervures; ressemble rarement à un papillon   8

8(7). Nervures longitudinales des ailes reliées par des nervures transversales très nombreuses, en particulier près de la marge antérieure de l'aile (figure 2.6)   9

Ailes avec quelques nervures transversales seulement (figure 2.7)   13

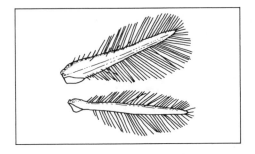

Figure 2.3 — Ailes droites d'un thrips (thysanoptère).

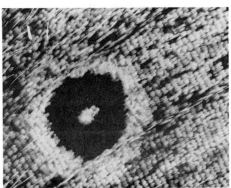

Figure 2.4 — Détail d'une aile de papillon. De nombreuses écailles recouvrent la membrane de l'aile.

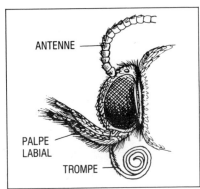

Figure 2.5 — Tête d'un papillon, vue latérale.

9(8). Ailes ne pouvant se replier sur l'abdomen; antennes très courtes, en forme de soie 10

Ailes pouvant se replier sur l'abdomen; antennes longues, filiformes 11

10(9). Ailes antérieures et postérieures de même longueur et de forme semblable (figure 2.6 A); abdomen se terminant par deux cerques courts (libellules et demoiselles) . . . . ODONATES 68

Ailes antérieures triangulaires, beaucoup plus grandes que les ailes postérieures (figure 2.6 B); abdomen se terminant par deux ou trois longs appendices filiformes (figure 2.18) (éphémères) . ÉPHÉMÉROPTÈRES 57

11(9). Au repos, ailes posées à plat sur l'abdomen; cerques présents; tarses de trois articles (perles) . . . .
. . . . PLÉCOPTÈRES 70

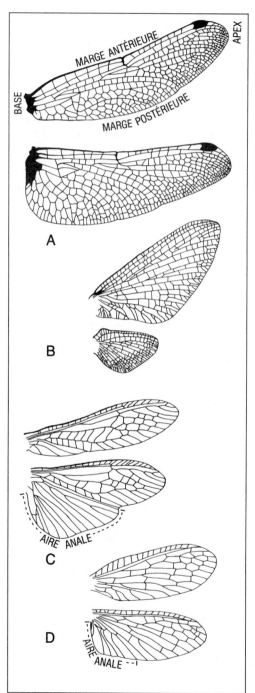

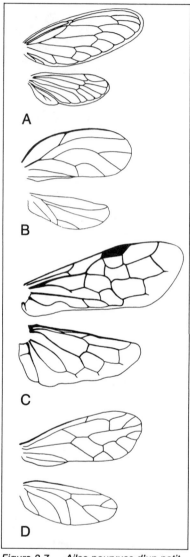

Figure 2.7 — Ailes pourvues d'un petit nombre de nervures transversales. A, de cigale (homoptère). B, de psylle (homoptère). C, de pamphile (hyménoptère). D, de psoque (psocoptère).

Figure 2.6 — Ailes pourvues de nombreuses nervures transversales. A, de libellule (odonate). B, d'éphémère (éphéméroptère). C, de perle (plécoptère). D, de corydale (mégaloptère).

Au repos, ailes posées en forme de toit au-dessus de l'abdomen; cerques absents; tarses de cinq articles 12

12(11). Ailes postérieures plus larges à la base que les ailes antérieures (figure 2.6 D); aire anale de l'aile postérieure élargie et pliée en éventail au repos. . . .
. . . . MÉGALOPTÈRES   66

Ailes antérieures et postérieures semblables en taille et en forme; aire anale de l'aile postérieure normale . . . . NEUROPTÈRES   67

13(8). Pièces buccales ayant la forme d'un rostre piqueur (figure 2.8 B) (cigales et pucerons) . . . HÉMIPTÈRES   59

Pièces buccales de broyeur ou de broyeur-lécheur . . . 14

14(13). Tarses de cinq articles; souvent un étranglement à la base de l'abdomen; souvent une allure de guêpe; taille très variable; corps dur (guêpes, abeilles, bourdons et fourmis) . . . . HYMÉNOPTÈRES   60

Tarses de deux ou trois articles; allure de pou; rarement plus de 6 mm de long; corps mou (figure 2.30) (psoques) . . . . PSOCOPTÈRES   70

15(3). Pièces buccales ayant la forme d'un rostre piqueur (figure 2.8) (punaises, cercopes et cicadelles). . .
. . . . HÉMIPTÈRES   59

Pièces buccales de broyeur, mandibules le plus souvent apparentes 16

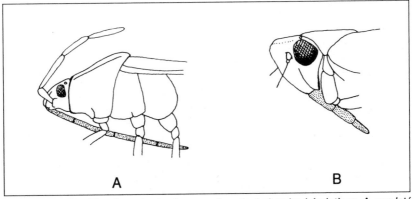

A   B

Figure 2.8 — Position du rostre (surfaces ombragées) chez les hémiptères. A, vue latérale de la tête et du thorax d'une punaise (hétéroptère). B, vue latérale de la tête et du prothorax d'un cercope (homoptère) (d'après Borror et al.).

16(15). Abdomen se terminant par des cerques en forme de pinces (figure 2.15); ailes antérieures courtes, laissant voir plusieurs segments abdominaux (forficules)..................... DERMAPTÈRES　53

Abdomen dépourvu de longs cerques en forme de pinces; ailes antérieures variables 17

17(16). Ailes antérieures (élytres) plus ou moins dures, sans nervures; au repos, élytres posés sur l'abdomen, accolés dorsalement; antennes généralement de 11 articles ou moins .... COLÉOPTÈRES　49

Ailes antérieures (tegmina) légèrement épaissies, pourvues de nervures; au repos, tegmina posés en forme de toit ou se chevauchant sur l'abdomen; antennes généralement de plus de 12 articles .. 18

18(17). Pattes postérieures adaptées au saut (figure 1.14 B).. 19

Pattes postérieures non adoptées au saut (blattes et mantes) .... DICTUOPTÈRES　54

19(18). Antennes courtes, dépassant rarement la moitié du corps; ovipositeur court et trapu; lorsque présents, tympans sur les côtés du premier segment abdominal (figure 2.9 B) (criquets) ..... ORTHOPTÈRES　69

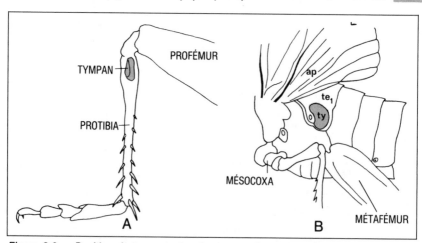

Figure 2.9 — Position du tympan chez les sauterelles et les criquets. A, patte antérieure d'une sauterelle. B, premiers segments abdominaux d'un criquet. ap, aile postérieure; te$_1$, premier tergum abdominal; ty, tympan.

Antennes aussi longues ou plus longues que le corps; ovipositeur allongé, de la forme d'un sabre ou d'une faucille; lorsque présents, tympans à la base des protibias (figure 2.9 A) (sauterelles et grillons) . . . . .GRYLLOPTÈRES   58

20(1). Corps très élancé, cylindrique, ressemblant à un bâton- net; pattes longues et grêles (figure 2.11) (phasme) . . . . .CHÉLEUTOPTÈRES   48

Corps et pattes de formes variables 21

21(20). Abdomen terminé par trois appendices filiformes fran- gés de poils (figure 2.33); corps couvert d'écailles (lépisme et thermobie). . . . . .THYSANOURES   73

Abdomen sans longs appendices à son extrémité; par- fois un appendice fourchu replié sous l'abdomen (furcula des collemboles) 22

22(21). Corps très aplati latéralement ou dorso-ventralement; vivent sur les oiseaux ou les mammifères qu'ils parasitent (puces, poux) 23

Corps de forme variable, généralement peu ou pas aplati 25

23(22). Corps très aplati latéralement; longues pattes adaptées au saut (figure 2.31); tarses de cinq articles; ectoparasites de mammifères ou d'oiseaux (puces) . . . . SIPHONAPTÈRES   71

Corps aplati dorso-ventralement; pattes courtes parfois très modifiées, permettant à l'insecte de s'agrip- per aux poils; tarses d'un seul article (poux) 24

24(23). Tête aussi large ou plus large que le prothorax; mandi- bules ventrales; ectoparasites d'oiseaux ou de mammifères (figure 2.23) (poux broyeurs) . . . . MALLOPHAGES   64

Tête plus étroite que le prothorax; mandibules absentes; au repos, pièces buccales cachées dans la tête; ectoparasites de mammifères pour la plupart (fi- gure 2.10) (poux suceurs) . . . . .ANOPLOURES   48

25(22). Étranglement à la base de l'abdomen; antennes souvent coudées (figure 1.9 J); tarses de cinq articles; allure de fourmi ou de petite guêpe . . . . .HYMÉNOPTÈRES   60

Abdomen sans étranglement à la base; antennes non coudées; tarses de trois articles ou moins 26

26(25). Pièces buccales formant un rostre ventral; abdomen souvent pourvu d'une paire de cornicules dorsales (figure 2.20 D) (pucerons) . . . . HÉMIPTÈRES   59

Pièces buccales cachées dans la tête; abdomen souvent pourvu d'un appendice ventral fourchu (furcula) attaché près de l'extrémité abdominale (figure 2.14) . . . . COLLEMBOLES   52

□ *Ouvrages suggérés: Borror et al. (1981) [clés des ordres et des familles d'insectes d'Amérique du Nord]; Perron (1979) [clés des ordres et des familles d'insectes du Québec]; Ross et al. (1982) et Swan et Papp (1972) [clés des ordres et des familles importantes].*

■ Description des ordres

Pour faciliter la consultation, nous avons disposé les ordres d'insectes selon l'ordre alphabétique. Les noms d'ordres varient quelque peu d'une publication à une autre; nous avons donc choisi l'ouvrage de Danks (1979) comme référence, ne retenant que les ordres représentés au Québec. Seuls les insectes et les collemboles sont présentés dans la description des ordres. Le traitement des protoures et des diploures, hexapodes petits et mal connus au Canada, dépasse le cadre de cette présentation. Chaque ordre d'insectes est généralement décrit par cinq rubriques: signification du nom, morphologie, généralités, noms vernaculaires et ouvrages suggérés.

Le rappel et la signification des racines grecques composant les noms d'ordres vous permettront de les assimiler plus facilement. Il faut préciser que dans certains cas, la traduction d'une racine est adaptée au domaine de l'entomologie. Par exemple, le mot *keros,* que l'on traduit habituellement par corne, a trait ici aux antennes des insectes.

Nous avons groupé, sous la rubrique «morphologie», les caractères distinctifs propres aux adultes. Ces divers éléments permettront de confirmer l'identification à l'ordre d'un spécimen. On notera rapidement l'importance accordée au nombre, à la forme et à la texture des ailes pour séparer les ordres d'insectes. Les différences majeures entre les sous-ordres importants sont également soulignées.

La rubrique «généralités» renferme quelques données sur la diversité, la biologie et les modes de vie. Ces données succinctes ont pour objectif d'initier le lecteur à certains aspects du monde fascinant des insectes.

En ce qui concerne les noms vernaculaires, nous avons voulu faire ressortir la richesse des noms français d'insectes du Québec. Quant aux noms mis entre crochets, ce sont des noms communs moins précis pouvant parfois prêter à confusion (voir section sur les noms vernaculaires).

La rubrique «ouvrages suggérés» n'est pas exhaustive; nous avons accordé une préférence aux travaux écrits en français ou à ceux qui traitent de la faune entomologique du Québec. Le but de cette rubrique est d'orienter le lecteur vers d'autres ouvrages. On trouvera une bibliographie détaillée à la fin du guide.

Les principaux caractères des ordres d'insectes se trouvent résumés au tableau 2.2. Nous avons retenu l'ordre phylogénétique pour faire ressortir les liens entre les ordres voisins. Les groupes les plus primitifs (anciens) apparaissent au début et les plus évolués (récents), à la fin.

Tableau 2.2 — Vue générale des ordres d'insectes*

ORDRE	ESP. CAN.[1]	AILES[2]
Collemboles	295	absentes
Thysanoures	2	absentes
Ephéméroptères	301	2 ou 4; AP petites; nervures nombreuses
Odonates	194	4; nervures nombreuses; AP aussi longues que les AA
Plécoptères	250	4; AP avec un grand lobe anal
Dictuoptères	17	0 ou 4
Dermaptères	5	4; AA courtes et épaissies; AP repliées en dessous
Grylloptères	81	0 ou 4
Orthoptères	133	0 ou 4; AA étroites et épaissies; AP pliées en éventail
Chéleutoptères	1	absentes
Psocoptères	72	0 ou 4; AA plus grandes que les AP
Mallophages	329	absentes
Anoploures	33	absentes
Hémiptères	3 079	0 ou 4
Thysanoptères	102	0 ou 4; longues, étroites et frangées
Mégaloptères	16	4; nervures abondantes
Neuroptères	75	4; nervures abondantes
Coléoptères	6 748	0, 2 ou 4; AA dures et sans nervures; AP membraneuses et repliées en dessous
Mécoptères	22	0 ou 4; longues et étroites
Diptères	7 058	0 ou 2; AP réduites à des balanciers
Siphonaptères	180	absentes
Lépidoptères	4 692	0 ou 4; recouvertes d'écailles
Trichoptères	546	4; recouvertes de poils
Hyménoptères	6 028	0 ou 4; AA plus grandes que les AP

1.: nombre d'espèces au Canada

2.: AA, ailes antérieures
AP, ailes postérieures

PIÈCES BUCCALES	DÉVELOPPEMENT	TAILLE ADULTE
broyeuses	amétabole	minuscule
broyeuses	amétabole	moyenne
atrophiées	hémimétabole; larve aquatique	moyenne
broyeuses	hémimétabole; larve aquatique	grande
broyeuses	hémimétabole; larve aquatique	moyenne à grande
broyeuses	hémimétabole	moyenne à grande
broyeuses	hémimétabole	moyenne
broyeuses	hémimétabole	moyenne à grande
broyeuses	hémimétabole	petite à grande
broyeuses	hémimétabole	moyenne à grande
broyeuses	hémimétabole	minuscule à petite
broyeuses	hémimétabole	minuscule
suceuses; cachées dans la tête	hémimétabole	minuscule
suceuses; rostre piqueur	hémimétabole	minuscule à grande
suceuses	intermédiaire entre hémi. et holométabole	minuscule
broyeuses	holométabole	grande
broyeuses	holométabole	moyenne
broyeuses	holométabole	minuscule à grande
broyeuses; rostre vertical	holométabole	moyenne
suceuses; parfois piqueuses	holométabole	minuscule à grande
suceuses	holométabole	minuscule
suceuses; trompe enroulée	holométabole	petite à grande
broyeuses; très réduites	holométabole; larve aquatique	petite à moyenne
broyeuses ou broyeuses-lécheuses	holométabole	minuscule à grande

* Tableau adapté du livre de Borror et White (1970). Nous avons de plus indiqué le nombre d'espèces connues au Canada; ces chiffres proviennent d'un ouvrage publié par la Société entomologique du Canada (Danks 1979).

Anoploures

Signification

Anoplos (sans armes), *oura* (queue), insectes aptères sans appendices à l'extrémité abdominale.

Morphologie

Taille généralement inférieure à 4 mm; corps aplati dorso-ventralement; sans ailes; pièces buccales de type piqueur-suceur, rentrées dans la tête lorsque non utilisées; antennes courtes, de trois à cinq articles; tête plus étroite que le thorax (figure 2.10); tarses d'un seul article, faisant pince avec le tibia (accrochage aux poils de l'hôte); cerques absents.

Généralités

Les anoploures sont des ectoparasites hématophages de mammifères marins ou terrestres. Ils sont étroitement associés à leur hôte. Les larves et les adultes se nourrissent de sang. L'absence d'ailes résulte d'une adaptation au parasitisme. Certaines espèces jouent un rôle important dans la transmission de maladies. Il y a 33 espèces d'anoploures au Canada.

Noms vernaculaires

Poux, poux suceurs, morpion.

☐ *Ouvrage suggéré: Askew (1973)* [*biologie des insectes parasites*].

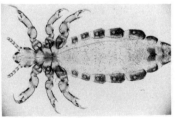 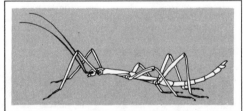

Figure 2.10 — Pou (anoploure).

Figure 2.11 — Phasme ou bâton du diable (chéleutoptère).

Chéleutoptères

Signification

Kheleutos (un tissu de mailles), *pteron* (aile), a trait aux ailes lorsqu'elles sont présentes.

Morphologie

Corps très allongé, en forme de brindille; adultes aptères au Québec (figure 2.11); pattes longues et grêles; sans tympans ni organe stridulant; cerques et ovipositeur courts; tarses de cinq articles.

Généralités

Cet ordre n'est représenté que par une seule espèce au Québec: *Diapheromera femorata* (Say). Sa répartition géographique se limite à quelques zones restreintes du sud de la province.

Noms vernaculaires

Phasme ou bâtonnet [bâton du diable].

☐ *Ouvrage suggéré: Vickery et al. (1974) [morphologie et répartition géographique au Québec].*

◼ Coléoptères

Signification

Koleos (étui), *pteron* (aile), a trait aux ailes antérieures dures appelées élytres.

Morphologie

Corps généralement très dur; ailes antérieures (élytres) servant d'étui protecteur aux ailes postérieures qui sont repliées sous ces dernières au repos; élytres parfois très courts (staphylins et méloés); ailes membraneuses parfois absentes (carabides).

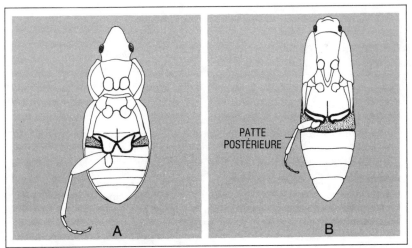

Figure 2.12 — Vue ventrale de deux coléoptères dépourvus de leurs appendices. Le premier sternum abdominal est ombragé; les métacoxae sont dessinées avec des traits gras. A, un adéphage (carabe). B, un polyphage (taupin).

- sous-ordre des adéphages:
  aden (abondamment), *phagein* (manger), a trait à leur voracité; antennes généralement filiformes; premier sternum abdominal divisé par les métacoxae (figure 2.12 A); la marge postérieure de ce sternum ne peut être observée d'un côté à l'autre de l'abdomen, étant interrompue par les coxae postérieures; tarses de cinq articles.

- sous-ordre des polyphages:
  polys (plusieurs), *phagein* (manger), a trait à la variété de leur régime alimentaire; premier sternum abdominal non divisé par les métacoxae (figure 2.12 B), sa marge postérieure continue peut être suivie d'un côté à l'autre de l'abdomen; tarses de trois à cinq articles.

Généralités

Un des ordres d'insectes les plus abondants et les plus diversifiés; on compte plus de 6000 espèces de coléoptères au Canada et près de 3000 au Québec. La figure 2.13 en présente quelques-unes appartenant à des familles importantes. La plupart des espèces sont terrestres, d'autres sont aquatiques (de surface ou de pleine eau). Ils se nourrissent de matière végétale ou animale: feuilles, racines, bois, champignons, fleurs, miel, kératine, cadavres, excréments, proies vivantes, etc. Quelques espèces sont parasites. Les ailes postérieures assurent la propulsion de l'insecte au cours du vol. Les ailes antérieures restent soulevées et immobiles et ne participent pas au vol.

Noms vernaculaires

Adéphages: carabes, cicindèles, dytiques, gyrins [tourniquets]; **polyphages**: altises, bruches, buprestes, cantharides, charançons, chrysomèles, coccinelles [bêtes à bon Dieu], cucujides, dermestes, doryphores [bêtes à patates], hannetons [barbots], hydrophiles, longicornes, lucioles [mouches à feux], méloés, nécrophores, nitidules, ptines, scarabées, scolytes, silphes, staphylins, taupins [casse-cou] et ténébrions.

□ *Ouvrages suggérés: Dillon et Dillon (1972) [clés des familles, genres et espèces de coléoptères communs en Amérique du Nord], Larochelle (1975) [répartition géographique des carabides du Québec et du Labrador]; Larochelle (1976) [clé des espèces de carabides du Québec]; Larochelle (1979a) [liste des coléoptères du Québec]; Larochelle (1979b) [clé et répartition géographique des coccinelles du Québec]; Morrissette (1979) [clé des espèces de gyrins du Québec]; White (1983) [présentation des familles et des genres d'Amérique du Nord; bien illustré].*

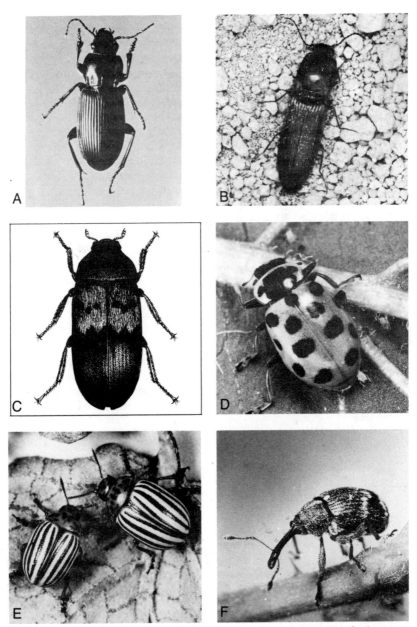

Figure 2.13 — Coléoptères. A, carabe (carabide). B, taupin (élatéride). C, dermeste (dermestide). D, coccinelle (coccinellide). E, doryphore (chrysomélide). F, charançon (curculionide).

■ Collemboles

Signification

Kolla (colle), *embolos* (cheville), a trait au collophore, tube ventral du premier segment abdominal.

Morphologie

Taille généralement inférieure à 6 mm; aptères; antennes courtes de quatre à six articles; abdomen formé de six segments; le premier segment abdominal porte un tube ventral collant (collophore); le troisième est muni d'une structure ventrale dont le rôle est de retenir l'appareil de saut; ce dernier, appelé furcula, est inséré sur le quatrième segment; cerques absents.

- sous-ordre des arthropléones:
  arthron (articulé), *pleon* (plus nombreux), a trait à la segmentation distincte du corps; corps allongé et segmenté (figure 2.14 A).

- sous-ordre des symphypléones:
  symphys (soudé), *pleon* (plus nombreux), a trait à la segmentation effacée du corps; corps globuleux à segmentation indistincte (figure 2.14 B).

Généralités

On associe la plupart des collemboles au sol, à l'humus ou à d'autres détritus. Ils jouent un rôle important dans le recyclage de la matière organique. On rapporte des densités s'échelonnant de dix à dix millions d'individus par mètre cube. Ce groupe méconnu compterait plus de 500 espèces au Canada.

Noms vernaculaires

Collemboles [queues-à-ressorts].

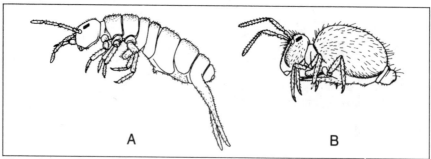

Figure 2.14 — *Collemboles. A, forme élancée (arthropléone). B, forme trapue (symphypléone).*

■ Dermaptères

Signification

Derma (peau), *pteron* (aile), a trait à la texture des ailes antérieures.

Morphologie

Corps élancé, quelque peu aplati; ailes antérieures (élytres) courtes, épaissies et sans nervures; ailes postérieures membraneuses à marge postérieure arrondie et à nervures rayonnantes; au repos, les ailes postérieures sont repliées en éventail sous les élytres; cerques en forme de pince (figure 2.15); tarses de trois articles.

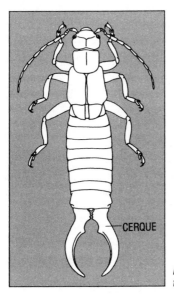

Figure 2.15 — Forficule ou perce-oreille (dermaptère).

Généralités

Parmi les cinq espèces recensées au Canada, quatre furent introduites. On peut les trouver aux abords des plages et près des habitations. Certaines espèces sont carnivores, d'autres omnivores ou phytophages. Chez les espèces dont la biologie est connue, les femelles protègent la ponte et s'occupent des jeunes larves.

Noms vernaculaires

Forficules [perce-oreilles].

□ *Ouvrage suggéré: Vickery et al. (1974) [morphologie et répartition géographique au Québec].*

■ Dictuoptères

Signification

Diktuon (filet, réseau), *pteron* (aile), a trait au réseau de nervures dessinées sur les ailes.

Morphologie

Antennes longues et filiformes; deux paires d'ailes à nervation abondante; ailes antérieures épaissies (tegmina), ailes postérieures membraneuses, pliées au repos; tympans et organes stridulants absents; cerques assez longs et multiarticulés; ovipositeur absent; la ponte prend la forme d'une oothèque (capsule d'œufs); tarses de cinq articles. Chez les blattes, le corps est oval et aplati (figure 2.16 A); les pattes sont semblables, adaptées à la marche et à la course. Les mantes ont un corps allongé, surtout le prothorax (figure 2.16 B); leurs pattes antérieures ravisseuses (figure 1.14 C) sont munies de nombreuses épines facilitant la capture d'insectes.

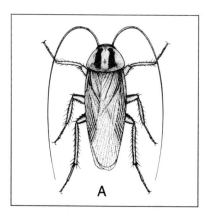

A

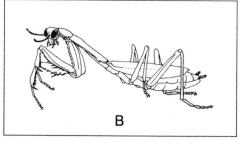

B

Figure 2.16 — Dictuoptères. A, blatte germanique. B, mante.

Généralités

Des sept espèces de blattes trouvées au Québec, une seule est indigène. Elle se retrouve dans les litières de feuilles et sous les troncs morts. La plupart des blattes sont omnivores et recherchent la chaleur et l'humidité. *Mantis religiosa* est la seule espèce de mante présente au Québec; sa répartition géographique se limite à certaines zones du sud de la province. La mante religieuse fut introduite aux États-Unis comme agent de lutte biologique. Depuis 1940, on la rencontre au Québec.

Noms vernaculaires

Blattes [cafards, cancrelats, coquerelles]; mantes.

□ *Ouvrage suggéré: Vickery* et al. *(1974)* [*clés des espèces, morphologie et répartition géographique au Québec*].

Figure 2.17 — Diptères. A, tipules en accouplement (tipulides). B, tête d'une asilide. C, syrphe (syrphide).

■ Diptères

Signification

Di (deux), *pteron* (aile), a trait à la présence d'une seule paire d'ailes membraneuses.

Morphologie

Pièces buccales suceuses, lécheuses-suceuses et parfois piqueuses; une seule paire d'ailes fonctionnelles; ailes antérieures membraneuses; ailes postérieures réduites à de petits organes en forme de massues appelés balanciers.

- sous-ordre des nématocères:
  nematos (fil), *keros* (antenne), a trait aux antennes le plus souvent fili-formes; antennes généralement longues et fines possédant au moins quatre articles libres; pattes généralement grêles; balanciers bien exposés.

- sous-ordre des brachycères:
  brachys (court), *keros* (antenne), a trait aux antennes courtes; anten-nes de moins de cinq articles (souvent trois), terminées par un style ou pourvues d'une arista (figure 1.9 H); premiers articles antennaires trapus, de forme variable; corps ressemblant à la mouche domestique.

Généralités

Il y a plus de 7000 espèces connues au Canada; il en resterait autant à décrire ou à inventorier. Les diptères forment un groupe très diversifié: certains sont hématophages et transmettent des maladies au bétail et à l'homme, d'autres s'attaquent aux cultures; plusieurs groupes sont utiles comme pollinisateurs, prédateurs ou parasites d'insectes nuisibles. La figure 2.17 présente quelques spécimens de diptères. Peu d'espèces sont aptè-res. Les larves se nourrissent généralement de particules et de détritus en milieux humides. Les larves de plusieurs familles de diptères complètent leur développement en milieu aquatique. Les connaissances actuelles de la géné-tique sont largement tributaires de la drosophile. Ce petit diptère a de cour-tes générations et s'élève facilement en laboratoire. Il est toujours largement utilisé en génétique expérimentale.

Noms vernaculaires

Nématocères: bibions, cécidomyies, cératopogonides [brûlots], chi-ronomes, moucherons, moustiques (maringouins, cousins), simulies [mou-ches noires], tipules; **brachycères**: agromyzes, asilides, bombyles, droso-philes [mouches du vinaigre], hypodermes, mouches, oestres, syrphes [mou-ches à fleurs], taons [mouches à cheval, mouches à chevreuil, frappe-à-bord].

☐ *Ouvrages suggérés: McAlpine et al. (1981) [clés d'identification au genre des nématocères et d'une partie des brachycères].*

◼ Éphéméroptères

Signification

Ephemeros (d'un jour), *pteron* (aile), a trait à la très courte durée de la vie des adultes.

Morphologie

Corps grêle et mou; pièces buccales atrophiées; ailes antérieures larges, triangulaires et à nervation dense; ailes postérieures petites et arrondies; ailes tenues verticalement au repos; bout de l'abdomen se terminant par deux cerques et un filament médian (figure 2.18); trois à cinq articles aux tarses.

Figure 2.18 — Éphémère (éphéméroptère).

Généralités

L'adulte a une vie très brève (de dix minutes à dix jours selon les espèces) et ne se nourrit pas. Ils se retrouvent près des masses d'eau. C'est le seul groupe d'insectes dont l'adulte ailé (subimago) mue pour donner l'imago (insecte parfait). Les larves vivent en milieu aquatique et possèdent un appareil buccal broyeur. Elles sont très abondantes et atteignent des densités supérieures à 1 000 individus par mètre carré. Elles forment une partie importante du régime alimentaire de plusieurs poissons. La présence ou l'absence de certaines espèces dans un cours d'eau, renseignent les biologistes sur le niveau de pollution. On compte plus de 300 espèces d'éphémères au Canada dont près de 100 au Québec.

Noms vernaculaires

Éphémères [mannes].

☐ *Ouvrage suggéré: Merritt et Cummins (1978) [clés des familles et des genres].*

■ Grylloptères

Signification

Gryllo (qui stridule comme un grillon), *pteron* (aile), a trait au chant des grillons et des sauterelles.

Morphologie

Antennes longues et fines, souvent plus longues que le corps; deux paires d'ailes très nervurées; ailes antérieures (tegmina) allongées et épaissies; ailes postérieures larges, membraneuses et repliées en éventail au repos; pattes postérieures adaptées au saut; tympans, lorsque présents, logés dans la base des tibias antérieurs (figure 2.9 B); tarses de trois ou quatre articles; organes stridulants à la base des ailes antérieures; ovipositeur souvent long, cylindrique ou en forme de sabre (figure 2.19).

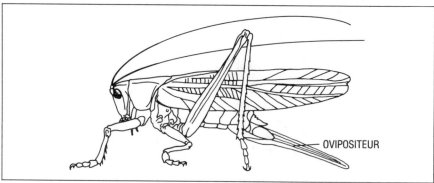

Figure 2.19 — *Sauterelle (grylloptère).*

Généralités

La plupart des espèces sont phytophages (feuilles ou racines), certaines sont carnivores ou omnivores comme les grillons. Plusieurs espèces émettent des sons spécifiques en frottant l'une sur l'autre leurs ailes antérieures. Il y en a plus de 80 espèces au Canada dont 32 au Québec.

Noms vernaculaires

Grillons, sauterelles.

□ *Ouvrages suggérés: Vickery et al. (1974) [clés des espèces, morphologie et répartition géographique au Québec]; Larochelle (1977a) [clés des espèces du Québec].*

■ Hémiptères

Signification

Hemi (moitié), *pteron* (aile), a trait aux ailes antérieures (hémélytres) à demi épaissies des punaises terrestres.

Morphologie

Pièces buccales perceuses-suceuses; rostre articulé (à plusieurs articles), plus ou moins allongé; ailes antérieures variables; ailes postérieures membraneuses, plus courtes que les ailes antérieures; cerques absents.

- sous-ordre des hétéroptères:
  heteros (différent), *pteron* (aile), a trait aux ailes antérieures (hémélytres) dont la base est coriace et l'extrémité membraneuse; base du rostre située à l'avant de la tête; au repos, ailes posées à plat sur l'abdomen.

- sous-ordre des homoptères:
  homos (uniforme), *pteron* (aile), a trait à la texture uniforme des ailes antérieures; base du rostre ventral, située à l'arrière de la tête; ailes antérieures membraneuses ou légèrement épaissies, à texture uniforme sur toute leur surface; au repos, ailes en toit au-dessus de l'abdomen.

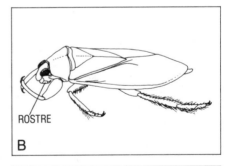

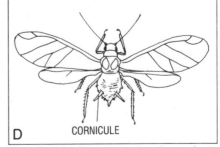

Figure 2.20 — Hémiptères. A, punaise (pentatome). B, léthocère ou punaise d'eau géante (bélostomatide). C et D, pucerons (aphidides).

Généralités

Les homoptères sucent la sève des plantes et peuvent leur transmettre des maladies. La plupart des hétéroptères sont phytophages, d'autres sont prédateurs ou hématophages. Certaines espèces habitent le milieu aquatique (de surface ou de pleine eau). Quelques représentants sont illustrés à la figure 2.20. L'absence d'ailes est fréquente et résulte d'une spécialisation secondaire. Il y a de plus de 3000 espèces d'hémiptères au Canada.

Noms vernaculaires

Hétéroptères (punaises): corises, hydromètres, léthocères [punaises d'eau géantes], lygées, mirides, nèpes, notonectes, patineurs, pentatomes [punaises des bois], ranatres, réduves; **homoptères**: aleurodes [mouches blanches], cercopes, cicadelles, cigales, cochenilles, fulgorides, lécanies membracides, psylles, pucerons.

□ *Ouvrages suggérés: Larochelle (1979c) [clés des punaises à bouclier du Québec (Hemiptera: Scutelleroidea)]; Larochelle (1984) [clés des espèces de punaises terrestres du Québec (Hétéroptères)].*

■ Hyménoptères

Signification

Hymenos (membrane), *Hymen* (dieu des mariages), *pteron* (aile), a trait à l'union des ailes antérieures et postérieures lors du vol.

Morphologie

Quatre ailes, parfois absentes; ailes antérieures plus grandes que les ailes postérieures, réunies en vol par une rangée de minuscules crochets (hamuli) situés le long de la marge antérieur des ailes postérieures; appareil buccal de type broyeur ou broyeur-lécheur, antennes plutôt longues, de dix articles ou plus, droites ou coudées; tarses de cinq articles; cerques absents.

- sous-ordre des symphytes:
  sym (avec, ensemble), *phyton* (plante), a trait au fait que la plupart des espèces sont phytophages; abdomen largement uni au thorax; ovipositeur bien développé, pourvu ventralement de petites dents de scie, utilisé pour insérer les œufs dans les tissus de la plante-hôte.

- sous-ordre des apocrites:
  apocritos (séparé), a trait à l'étranglement de l'abdomen; premier segment abdominal (propodéum) fusionné au thorax et séparé du reste de l'abdomen par un étranglement (taille de guêpe); ovipositeur utilisé comme une tarière ou secondairement transformé en aiguillon.

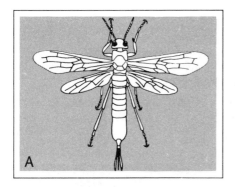

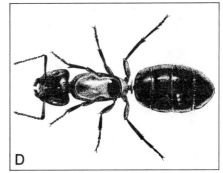

Figure 2.21 — Hyménoptères. A, tremex (siricide). B, ichneumon (ichneumonide). C, abeille domestique (apide). D, fourmi (formicide).

Généralités

Il y a plus de 6 000 espèces recensées au Canada et le nombre d'espèces à décrire excéderait 10 000. La figure 2.21 présente quelques spécimens d'hyménoptères. Les larves de symphytes sont généralement phytophages et ressemblent souvent à des larves (chenilles) de lépidoptères. La présence de plus de cinq paires de fausses pattes les distingue des chenilles. Les adultes se retrouvent généralement sur leur plante-hôte.

Les apocrites assurent la pollinisation de nombreuses espèces de plantes. Près de la moitié des familles d'apocrites parasitent d'autres insectes et plusieurs espèces jouent un rôle important dans le contrôle biologique d'espèces nuisibles à l'agriculture et à la foresterie. Les larves d'apocrites n'ont pas de pattes (apodes). Il arrive fréquemment que l'intestin moyen des larves parasites ne soit pas relié au rectum. Le parasite ne peut ainsi contaminer son hôte par ses déjections. À la suite de la dernière mue larvaire, le tube digestif se complète et les déchets s'éliminent avant le stade pupal. Les formes les plus évoluées de sociétés d'insectes se retrouvent chez les apocrites.

Noms vernaculaires

Symphytes [mouches à scie]: cèphes, diprions, faux-sirex, pamphiles, sirex, tenthrèdes, tremex, urocères; **apocrites**: abeilles, ammophiles, andrènes, bourdons, braconides, chalcis, cynipes, fourmis, guêpes, halictes, ichneumons, mégachiles, polistes, pompiles, sphex.

☐ *Ouvrages suggérés: Krombein* et al. *(1979) [catalogue des espèces connues d'hyménoptères; pour chaque espèce, il y a mention de références pertinentes à leur taxonomie, leur morphologie et leur biologie]; Finnamore (1982) [clés des Sphécoïdes du Québec].*

Figure 2.22 — Lépidoptères. A, papillon tigré (papilionide). B, piéride du chou (piéride). C, monarque (danaïde). D, belle dame (nymphalide). E, sphinx (sphingide). F, polyphème d'Amérique (saturnide).

◼ Lépidoptères

Signification

Lepidos (écaille), *pteron* (aile), a trait aux ailes couvertes d'écailles.

Morphologie

Quatre ailes lorsque présentes; ailes partiellement ou entièrement couvertes de minuscules écailles; pièces buccales en forme de trompe enroulée; mandibules rudimentaires ou absentes; palpes labiaux bien développés et évidents; antennes longues, formées de plusieurs articles; pattes marcheuses, tarses de cinq articles; cerques absents.

- groupe des rhopalocères:
  rhopalon (massue), *keros* (antenne), a trait aux antennes en forme de petite massue; papillons généralement diurnes; antennes longues, fines et terminées en massue.

- groupe des hétérocères:
  heteros (différent), *keros* (antenne), a trait à la variété des formes d'antennes; papillons généralement nocturnes; antennes de formes variables mais rarement terminées en massue.

Généralités

Ce groupe a toujours joui d'une grande popularité auprès des naturalistes et des scientifiques. Leur taille, leurs formes et leurs couleurs sont très diversifiées, ce qui en font des captures très prisées par les entomologistes (figure 2.22). Les larves (chenilles) sont pour la plupart phytophages; certaines sont prédatrices tandis que d'autres se nourrissent de produits entreposés d'origine végétale ou animale. Les adultes possèdent des pièces buccales modifiées (maxilles) en forme de trompe, ce qui les oblige à une diète liquide. Certaines espèces, comme le monarque, migrent sur de longues distances. Il y a près de 4 700 espèces de lépidoptères recensées au Canada. Les espèces les moins connues se répartissent parmi les groupes de petits lépidoptères.

Noms vernaculaires

Rhopalocères (papillons diurnes): bleus, cuivrés, hespéries, lutins, monarque, nordiques, piérides, polygones, porte-queues, satyres, vanesses; **hétérocères** (papillons nocturnes): acronyctes, arctiides, géomètres (arpenteuses), gracilaires, hépiales, likénées, légionnaires, livrées, noctuelles, notodontes, polyphèmes, porte-case, pyrales, sésies, sphynx, teignes, tordeuses.

☐ *Ouvrages suggérés: Covell (1984) [papillons nocturnes de l'est de l'Amérique du Nord]; Klots (1951) [papillons diurnes d'Amérique du Nord]; Laplante (1985) [papillons du Québec]; Leblanc (1985) [clés et répartition géographique des lycénides du Québec]; Veilleux et Prévost (1976) [papillons du Québec].*

◼ Mallophages

Signification

Mallos (laine), *phagein* (manger), a trait aux premières espèces trouvées dans la laine de certains mammifères.

Morphologie

Corps généralement inférieur à 5 mm de long; aptères; appareil buccal de type broyeur; antennes courtes, de trois à cinq articles; tête aussi large ou plus large que le thorax (figure 2.23); pattes courtes avec tarse d'un ou deux articles; tarses terminés par une ou deux griffes; cerques absents.

- sous-ordre des amblycères:
  amblys (obtus, émoussé), *keros* (antenne), a trait à la forme des antennes; antennes en forme de massue, généralement de quatre articles, insérées dans des replis de la tête; palpes maxillaires de quatre articles.

- sous-ordre des ischnocères:
  ischnos (grêle), *keros* (antenne), a trait à la forme des antennes; antennes filiformes de trois à cinq articles, non insérées dans des replis de la tête; palpes maxillaires absents.

Généralités

Les larves et les adultes vivent en ectoparasites d'oiseaux et de mammifères et se nourrissent de plumes, de poils et de débris à la surface de la peau. L'absence d'ailes résulte d'une adaptation au parasitisme. Leur transmission d'un hôte à un autre se fait par contact direct; ils ne vivent que peu de temps en l'absence de leurs hôtes. Plusieurs espèces s'attaquent aux volailles et causent d'importants dommages. L'identification des mallophages requiert leur montage sur lame et l'utilisation d'un microscope. Il y a plus de 325 espèces de mallophages au Canada.

Noms vernaculaires

Poux broyeurs, poux des oiseaux.

☐ *Ouvrage suggéré: Askew (1973) [biologie].*

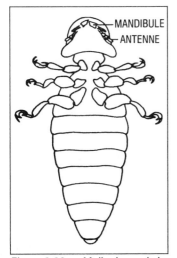

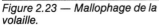

Figure 2.23 — Mallophage de la volaille.

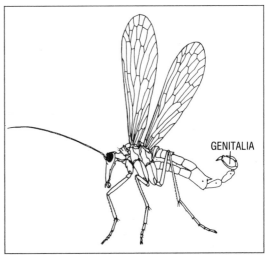

Figure 2.24 — Panorpe ou mouche-scorpion, mâle (mécoptère).

Mécoptères

Signification

Mekos (longueur), *pteron* (aile), a trait à leurs ailes longues et étroites.

Morphologie

Tête prolongée ventralement en un long rostre au bout duquel se trouvent deux petites mandibules; antennes longues et filiformes; généralement quatre ailes membraneuses, longues et étroites; tarses de cinq articles; abdomen cylindrique et allongé; cerques d'un ou deux articles.

Généralités

Leur nom de mouche-scorpion origine du renflement de l'organe copulateur mâle de certaines espèces (panorpides) qui est tenu au-dessus de l'abdomen, à la manière des scorpions (figure 2.24). Les femelles déposent les œufs sur le sol. Les larves ressemblent à des chenilles, vivent dans des milieux relativement humides et sont herbivores ou détritivores. Certaines espèces aptères émergent en période hivernale et se déplacent sur la neige. Les adultes se rencontrent dans les forêts décidues humides. Il y a 22 espèces de mécoptères au Canada.

Noms vernaculaires

Panorpes [mouches-scorpions].

☐ *Ouvrages suggérés: Thornhill et Johnson (1974), Webb et al. (1975) [clés de la plupart des espèces québécoises]*.

Mégaloptères

Signification

Megalê (grand), *pteron* (aile), a trait à la grande taille des ailes.

Morphologie

Base de l'aile postérieure plus large que l'aile antérieure; région anale de l'aile postérieure pliée en éventail; au repos, ailes en forme de toit sur l'abdomen; ailes avec de nombreuses nervures; antennes longues et multiarticulées; appareil buccal de type broyeur; tarses de cinq articles; cerques absents.

Généralités

Les larves sont aquatiques et prédatrices. Les adultes volent peu et se retrouvent près des masses d'eau permanentes, froides et bien oxygénées. Certaines espèces affichent un dimorphisme sexuel prononcé: les mandibules des mâles sont trois fois plus longues que la tête (figure 2.25). On compte 16 espèces de mégaloptères au Canada.

Noms vernaculaires

Corydales [grandes mouches dobson], sialis.

❑ *Ouvrage suggéré: Merritt et Cummins (1978) [clés des familles et des genres]*.

Figure 2.26 — *Chrysope et sa larve (neuroptère)*.

Figure 2.25 — *Corydale cornue, mâle (mégaloptère). La femelle est pourvue de mandibules beaucoup plus courtes et acérées.*

■ Neuroptères

Signification

Neuron (nerf), *pteron* (aile), a trait aux nombreuses nervures présentes sur les ailes.

Morphologie

Ailes antérieures et postérieures semblables en forme et en proportions; région anale de l'aile postérieure non pliée; au repos, ailes en forme de toit sur l'abdomen; antennes longues et multiarticulées; appareil buccal de type broyeur chez les adultes; chez les larves, les mandibules et les maxilles sont allongées et modifiées pour percer et sucer; tarses de cinq articles; cerques absents.

Généralités

La plupart des espèces vivent en milieu terrestre mais certaines possèdent des larves aquatiques qui se nourrissent d'éponges d'eau douce. Les larves terrestres sont prédatrices d'homoptères et de mites phytophages. Certaines se nourrissent de pollen ou d'œufs d'insectes. Le tube digestif des larves est fermé chez toutes les espèces; pendant le stade pupal, le système digestif se complète et les excréments sont expulsés peu après l'émergence de l'adulte. Il y a 75 espèces de neuroptères au Canada.

Noms vernaculaires

Chrysopes (figure 2.26), fourmilions, hémérobes.

Figure 2.27 — Odonates. A, libellule (anizoptère). B, demoiselle (zygoptère).

▓ Odonates

Signification

Odon (dents), a trait aux fortes dents des mandibules.

Morphologie

Deux paires d'ailes membraneuses très nervurées; pièces buccales de type broyeur; antennes très courtes, sétiformes (en forme de soie); prothorax réduit, les deux autres segments très développés; tarses de trois articles; abdomen très allongé et étroit; appareil copulateur du mâle situé sur le deuxième segment abdominal; cerques des mâles modifiés pour retenir les femelles au moment de la copulation.

- sous-ordre des anisoptères:
  anisos (inégal), *pteron* (aile), a trait au fait que les ailes antérieures et postérieures sont différentes; base des ailes postérieures plus large que les ailes antérieures; disposition distincte des nervures des deux ailes.

- sous-ordre des zygoptères:
  zygos (paire), *pteron* (aile), a trait au fait que les ailes antérieures et postérieures sont semblables dans la forme et la disposition des nervures.

Généralités

Les larves se développent en milieu aquatique et possèdent un masque (transformation du labium en organe préhensile) qui est projeté sur leurs proies. Les larves et les adultes sont des prédateurs et leur survie dépend de milieux stables et productifs.

Avant l'accouplement, le mâle doit transférer le sperme du bout de son abdomen à son appareil copulateur situé sur les deuxième et troisième segments abdominaux. Après la parade nuptiale, la femelle joint le bout de son abdomen à l'appareil copulateur mâle et l'insémination s'ensuit.

Les adultes sont des chasseurs efficaces. Chez les anisoptères, les yeux composés leur donnent un angle de vision qui atteint presque 350°. Les pattes postérieures des adultes sont plus longues et bordées d'épines; l'ensemble des pattes forme un panier facilitant la capture d'insectes en vol. Il y a plus de 190 espèces d'odonates au Canada et plus de 130 au Québec.

Noms vernaculaires

Anisoptères (libellules) (figure 2.27 A): aeschnes; **zygoptères** (demoiselles) (figure 2.27 B): agrions, lestes.

☐ *Ouvrages suggérés: Robert (1963) [biologie et clés d'identification des odonates du Québec], Hutchinson et Larochelle (1977a, b) [catalogue et clés des odonates du Québec].*

◼ Orthoptères

Signification

Orthos (droit), *pteron* (aile), a trait aux ailes antérieures droites et étroites.

Morphologie

Antennes courtes, ne dépassant pas la moitié de la longueur du corps (figure 2.28); deux paires d'ailes très nervurées; ailes antérieures (tegmina) étroites, épaissies; ailes postérieures larges, membraneuses, souvent colorées et repliées en éventail au repos; pattes postérieures adaptées au saut; tarses de trois articles; tympans, lorsque présents, logés sur les côtés du premier segment abdominal (figure 2.9 A); cerques et oviposeiteur courts.

Généralités

La plupart des espèces sont phytophages et certaines se nourrissent de plantes cultivées. Déposés dans le sol, les œufs éclosent le printemps suivant. Le chant du criquet est produit par le frottement d'un fémur postérieur sur un tegmen. Parmi les quelque 130 espèces d'orthoptères connues au Canada, 38 se retrouvent au Québec.

Nom vernaculaire

Criquets.

❑ *Ouvrages suggérés: Vickery et al. (1974) [clés des espèces, morphologie et répartition géographique au Québec]; Larochelle (1977a) [clés des espèces du Québec].*

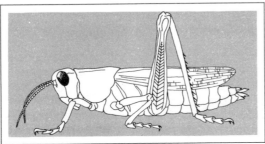

Figure 2.28 — Criquet (orthoptère).

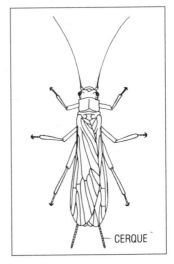

CERQUE

Figure 2.29 — Perle (plécoptère).

◼ Plécoptères

Signification

Plekein (plier), *pteron* (aile), a trait à la région anale des ailes postérieures pliée au repos.

Morphologie

Corps allongé, aplati dorso-ventralement (figure 2.29); antennes filiformes et multiarticulées; pièces buccales de type broyeur ou atrophiées; au repos, ailes posées à plat sur l'abdomen; ailes antérieures longues, étroites et très nervurées; ailes postérieures courtes, région anale de l'aile très développée (figure 2.6 C) et pliée en éventail au repos; cerques souvent longs et multiarticulés.

Généralités

Les larves se développent en milieu aquatique et les adultes se retrouvent près des nappes d'eau. La nourriture des adultes se compose de lichens, d'algues et de feuilles; un grand nombre d'espèces ne se nourrissent pas à l'état adulte. Plusieurs espèces émergent au cours de l'hiver. Ces adultes marchent, s'accouplent et pondent à des températures près du point de congélation. Certaines espèces sont aptères. Peu de larves peuvent se développer dans des eaux chaudes, pauvrement oxygénées, limoneuses ou polluées; elles constituent donc de bons indicateurs de la qualité du milieu. On compte près de 250 espèces de plécoptères au Canada et environ 85 au Québec.

Nom vernaculaire

Perles.

☐ *Ouvrage suggéré: Merritt et Cummins (1978)* [*clés des familles et des genres*].

◼ Psocoptères

Signification

Psochein (gratter, ronger, réduire en petits morceaux), *pteron* (aile), a trait à leur mode d'alimentation.

Morphologie

Petits insectes inférieurs à 5 mm de long; quatre ailes membraneuses; ailes antérieures plus larges que les postérieures, reposant en toit sur l'abdomen; quelques espèces aptères; clypéus très bombé, donnant à la tête un profil caractéristique (figure 2.30); appareil buccal de type broyeur; antennes de plus de 13 articles; tarses de deux ou trois articles; cerques absents.

Généralités

Les psoques consomment principalement des végétaux microscopiques comme les lichens, les algues et les champignons qui poussent sur les arbustes, les arbres et les pierres. Quelques espèces se nourrissent de grains (produits céréaliers). On en trouve quelquefois dans de vieux livres rangés dans des milieux humides. Grégaires, ils se rassemblent et se comptent parfois par centaines. Certaines espèces se reproduisent par parthénogénèse. L'identification des psoques nécessite leur montage sur lames de microscope. Il y a plus de 70 espèces de psoques au Canada.

Noms vernaculaires

Psoques [poux des écorces, poux des livres].

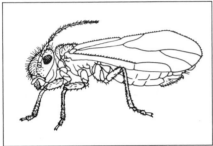

Figure 2.30 — Psoque (psocoptère).

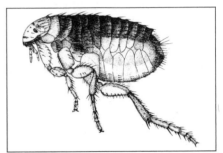

Figure 2.31 — Puce du chat (siphonaptère).

◼ Siphonaptères

Signification

Siphon (tube recourbé), *a* (sans), *pteron* (aile), a trait aux pièces buccales et à l'absence d'ailes.

Morphologie

Insectes aptères inférieurs à 5 mm de long; corps aplati latéralement; antennes de trois articles généralement insérées dans des dépressions au-dessus des yeux; appareil buccal de type piqueur-suceur, palpes longs, mandibules absentes; pattes relativement longues et adaptées au saut (figure 2.31), coxae très larges, tarses de cinq articles; cerques absents.

Généralités

Les adultes s'alimentent du sang des mammifères et des oiseaux. L'étroitesse de leur corps facilite leur déplacement à travers le pelage ou les plumes de leur hôte. Chez certaines espèces de puces parasitant des hôtes solitaires, il y a synchronisation des cycles vitaux. La nouvelle génération de puces est ainsi prête à infester la nouvelle portée de l'hôte. Au besoin, les puces peuvent se nourrir sur plusieurs hôtes; par exemple, en l'absence de son hôte naturel, la puce du rat piquera d'autres animaux ou même l'homme, risquant ainsi de transmettre des maladies comme la peste. Les larves sont apodes; elles se nourrissent de détritus organiques généralement tombés dans la litière de l'hôte. L'identification des puces nécessite leur montage sur lames de microscope. Il y a 180 espèces de puces au Canada.

Nom vernaculaire

Puces.

□ *Ouvrage suggéré: Holland (1949) [clés des familles, genres et espèces de puces du Canada]*.

Thysanoptères

Signification

Thysanos (frange), *pteron* (aile), a trait à leurs ailes frangées de longs poils.

Morphologie

Insectes minuscules (de 0,5 à 2,0 mm de long); quatre ailes longues, étroites et frangées de longs poils (figure 2.3); plusieurs espèces aptères; antennes courtes de six à neuf articles; appareil buccal de type piqueur-suceur; tarses d'un ou deux articles, le dernier article renflé; cerques absents.

- sous-ordre des térébrants:
  terebra (vrille), a trait à l'oviposeur des femelles; dernier segment abdominal de forme conique; les femelles de la plupart des espèces ont un oviposeur qui dépose les œufs dans les tissus végétaux; lorsque présentes, ailes pourvues de deux nervures.

- sous-ordre de tubulifères:
  tubulus (petit tube), *fero* (porter), a trait à l'extrémité de l'abdomen; dernier segment abdominal en forme de tube chez les deux sexes; femelles sans oviposeur (œufs déposés dans les anfractuosités du sol, les fissures de l'écorce ou encore sur les feuilles); lorsque présentes, ailes antérieures pourvues d'une seule nervure, ou sans nervures.

Généralités

La plupart des thrips sont phytophages. D'autres sont prédateurs de petits arthropodes ou se nourrissent de pollen ou de spores. Chez les insectes de petite taille, le remplacement de la partie membraneuse de l'aile par de longs poils est chose fréquente. Chez la plupart des espèces, on rencontre des mâles et des femelles; la reproduction par parthénogénèse est cependant fréquente. Leur identification nécessite leur montage sur lames de microscope. On estime qu'une espèce sur deux n'est pas décrite. Il y a plus de 100 espèces de thrips au Canada.

Nom vernaculaire

Thrips (figure 2.32).

Figure 2.32 — Thrips (thysanoptère).

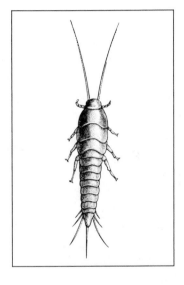

Figure 2.33 — Thermobie (thysanoure).

Thysanoures

Signification

Thysanos (frange), *oura* (queue), a trait aux trois appendices poilus portés à l'extrémité de l'abdomen.

Morphologie

Corps allongé, sans ailes; antennes longues, filiformes et multiarticulées; deux cerques multiarticulés et un long filament médian au bout de l'abdomen (figure 2.33).

Généralités

Les deux espèces répertoriées au Canada sont cosmopolites et fréquentent les habitations. Les adultes matures sexuellement continuent de muer, fait inhabituel chez les insectes. Ils sont omnivores.

Noms vernaculaires

Lépisme argenté [poisson d'argent], thermobie.

◼ Trichoptères

Signification

Trichos (poil), *pteron* (aile), a trait aux ailes antérieures couvertes de poils courts.

Morphologie

Insectes ressemblant à des papillons; antennes longues, générale-ment aussi longues ou plus longues que le corps; quatre ailes membraneu-ses; ailes antérieures poilues, généralement plus longues que les ailes pos-térieures; au repos, ailes disposées en forme de toit sur l'abdomen (figure 2.34); appareil buccal atrophié, près du type lécheur; pattes longues et fines, tarses de cinq articles; cerques réduits ou nuls.

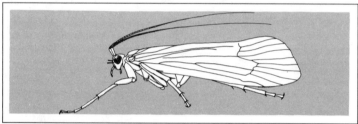

Figure 2.34 — Phrygane (trichoptère).

Généralités

Les larves se développent en milieu aquatique; elles ressemblent à des chenilles. Les larves de plusieurs espèces sécrètent de la soie. Avec cette dernière, les larves de certaines espèces vivant en eau courante tis-sent des filtres et se nourrissent des petits animaux et des substances orga-niques ainsi capturés. D'autres larves tissent des fourreaux auxquels elles amalgament du sable, du gravier, des détritus végétaux ou de petites coquil-les de gastéropodes. Les trichoptères occupent une part importante de la diète alimentaire de certains poissons. Les adultes ont généralement des mœurs nocturnes et plusieurs espèces s'agglomèrent autour des sources de lumière artificielle. L'identification des spécimens requiert l'observation de caractères qui se modifient en séchant; aussi, on recommande de les conserver dans l'alcool. Il y a près de 550 espèces de trichoptères au Canada et près de 300 au Québec.

Nom vernaculaire

Phryganes.

☐ *Ouvrages suggérés: Wiggins (1977) [clé des genres de larves de trichoptè-res], Schmid (1980) [clés des familles, sous-familles, genres et sous-genres de trichoptères adultes du Canada et des régions adjacentes].*

CHAPITRE 3

Collecte
et observation

L'observation et la capture des insectes comptent parmi les activités les plus captivantes de l'amateur d'insectes. Elles lui permettent d'accroître ses connaissances sur les mœurs des insectes et d'enrichir sa collection. Quel que soit l'intérêt de l'entomologiste amateur, il désire tirer le meilleur parti possible de ses visites sur le terrain. Pour ce faire, il se doit de posséder des connaissances générales sur les divers types d'habitats visités, sur la biologie et les mœurs des insectes visés ainsi que sur les méthodes d'échantillonnage. Ce chapitre est consacré à la récolte des données sur le terrain. Nous y présentons la préparation et la planification d'une excursion, puis nous abordons brièvement le matériel de collection et quelques techniques de récolte et d'élevage. Les sections ne suivent pas nécessairement un ordre logique; elles décrivent plutôt un ensemble de possibilités que l'amateur exploitera selon ses intérêts, ses besoins et son rythme d'apprentissage.

■ L'excursion

▨ Lieu et temps de récolte

L'observation et la capture d'une grande variété d'individus requièrent des visites périodiques sur le terrain, l'exploration d'un grand nombre d'habitats et l'utilisation de diverses méthodes de capture.

La plupart des espèces d'insectes présentent une activité journalière (matinale, diurne, crépusculaire, nocturne, etc.) doublée d'une activité saisonnière (s'échelonnant de quelques jours à quelques semaines). Le retour régulier aux mêmes lieux d'échantillonnage à différentes périodes du jour et de l'année favorise donc une meilleure connaissance de l'entomofaune locale.

La diversité des captures est fréquemment liée à la variété des milieux visités. Il existe plusieurs milieux naturels dignes de mention: champs en friche, lisières de forêts, mares et ruisseaux temporaires ou permanents, marais, tourbières, sablières, etc. Les diverses espèces de plantes, d'arbustes et d'arbres abritent aussi une entomofaune particulière. Certains milieux artificiels ne manquent pas d'intérêt: les chaloupes abandonnées, les tonneaux de bois remplis d'eau, les jardins cultivés, les piscines extérieures, les dépotoirs et les sources intenses de lumière en soirée.

L'utilisation de différentes méthodes de récolte permet la capture d'espèces aux mœurs variées qui passeraient autrement inaperçues. Par exemple, le fauchage de la végétation avec un filet donne une bien piètre idée de la faune du sol.

■ Planification

Avant de partir en excursion, on rassemblera tout le matériel nécessaire pour l'exploration des types d'habitats visés.

Un carnet d'excursion et deux ou trois crayons à mine de plomb font partie de l'équipement. Ils servent à noter le lieu, la date, les observations effectuées, la méthode de capture et la description des milieux visités (litière de feuilles dans une érablière, étang riche en végétation, bord de route, lisière de forêt, etc.).

À titre d'exemple, considérons un groupe d'insectes récoltés au mois d'août sur des inflorescences de verge d'or dans un champ en friche. Les insectes capturés constituent l'échantillon. On inscrit le numéro d'échantillon à la fois dans le carnet d'excursion et sur un papier déposé avec les insectes. Dans le carnet on notera la localité, la date, l'emplacement du champ, le type et la partie de la plante échantillonnée, la méthode de récolte et le nom du collectionneur s'il est différent de celui qui possède le carnet.

Lors du montage sur épingles, on suggère d'inscrire le numéro d'échantillon sur l'étiquette de chacun des spécimens. Ces derniers sont ainsi directement associés aux données de terrain qui les concernent, données conservées précieusement dans les carnets d'excursion. Il sera alors possible, entre autres, de retrouver l'habitat et la période de récolte d'une espèce particulière dont on veut de nouveaux spécimens.

Il serait judicieux d'inclure un ou plusieurs guides de plantes à fleurs, d'arbres ou de champignons sur lesquels se rencontrent les insectes. Ils devraient être bien illustrés pour faciliter l'identification des espèces communes.

Avec le temps, les notes de terrain, les lectures et les échanges avec d'autres entomologistes se fondront en un heureux mélange de savoir et d'expériences.

▓ Sécurité et éthique

Afin de préserver la richesse d'un milieu, on évite de trop le perturber; il faut combler les trous creusés dans le sol et replacer les matériaux dérangés. Avec l'expérience, on ne prélèvera qu'un nombre limité de spécimens d'une même espèce sur un même lieu d'échantillonnage.

Il est préférable de demander la permission au propriétaire avant d'excursionner sur un terrain privé. C'est une question de civisme. Les gens collaborent généralement en spécifiant les caractéristiques du terrain et les dangers potentiels.

Lorsqu'on explore une région qui nous est étrangère, il est prudent d'apporter avec soi une carte et une boussole. Il existe en librairie quelques bons guides qui renseignent sur différents usages de la boussole et qui permettent de tirer de multiples informations d'une carte topographique. Certains ouvrages donnent des règles de circulation en forêt (par exemple, porter une veste rouge en automne) et expliquent plusieurs techniques de survie. Enfin, il est sage d'informer une personne de la famille ou de son entourage du lieu de l'excursion.

L'ajout d'un répulsif à insectes piqueurs (moustiques, mouches noires, brûlots et taons) dans la trousse de terrain pourrait bien rendre la vie plus agréable au printemps ou au début de l'été. Cet élément est absolument essentiel lors de la visite de marécages et autres milieux propices au développement de ces insectes. Il faut aussi se méfier des abeilles, des bourdons et des guêpes. Une distance respectable des nids localisés sur le terrain est un gage de sécurité. De plus, le transfert de ces insectes du filet à un flacon collecteur exige des gestes précis et une grande attention.

Les gens souffrant de nombreuses allergies devraient éviter de fréquenter les jardins fleuris et de capturer des insectes à aiguillon (abeilles, guêpes ou bourdons). En effet, après une première piqûre, il est possible qu'ils développent une hypersensibilité au venin de l'insecte. Piqués à nouveau par le même groupe d'insectes, leur système immunitaire risque de réagir de façon exagérée. Toute personne qui manifesterait des réactions anormales (enflures des bras, des jambes ou difficultés respiratoires) à la suite d'une ou de plusieurs piqûres d'hyménoptères devrait être conduite à l'hôpital le plus près.

■ L'observation

L'observation est la première étape de la méthode scientifique. Cette approche est trop souvent négligée par le débutant. L'observation des insectes fournit d'abord des informations fort utiles sur leur habitat, leur mode de vie, leurs comportements et leurs rôles dans l'écosystème. Ensuite, leur capture et leur identification permettent d'associer précisément les notes recueillies à une famille, à un genre ou à une espèce. Il devient alors intéressant de comparer ses découvertes avec la documentation entomologique. Le cumul de ces informations raffinera vos qualités d'observateur sur le terrain.

Couplée à l'observation, la collection n'est plus un but en soi, mais plutôt un outil indispensable permettant de progresser dans l'étude du monde fascinant des insectes. Trop de collectionneurs se privent des joies de la connaissance en ignorant presque tout des petits trophées qu'ils contemplent.

L'observation exige une grande patience; par contre, avec l'expérience, on a l'impression de plonger dans l'univers de l'insecte et d'en partager sa perception du monde. Les débuts de matinée et de soirée sont des moments privilégiés pour faire moisson d'observations. À ces périodes du jour correspondent généralement des températures plus basses et les insectes ont alors des gestes plus lents, ce qui facilite leur approche.

L'observation peut se faire en tout lieu, il n'est pas nécessaire de se retrouver en forêt ou sur le bord d'une rivière. Un champ en friche derrière la maison peut très bien faire l'affaire. Il s'agit simplement d'être patient et aux aguets. Sans aucun doute, il existe un groupe d'insectes dont l'observation correspondra aux intérêts et aux aspirations de l'entomologiste amateur. La plupart de ses projets n'ont d'autres limites que son imagination: le comportement territorial et les parades nuptiales d'insectes, les proies capturées par un prédateur, les fleurs visitées par un pollinisateur, les plantes broutées par un phytophage, etc.

Le raffinement du sens de l'observation amène, chez l'entomologiste, la perception de microhabitats qui passent inaperçus au commun des mortels. Ainsi on peut voguer de découverte en découverte sur de courts trajets. Au cours des journées chaudes du mois d'août, par exemple, il est possible d'observer les punaises embusquées (hétéroptères) sur les marguerites ou les verges d'or (figure 3.1). Elles se cachent sur les fleurs pour saisir au passage des insectes butineurs qui ont souvent trois fois leur grosseur. Elles tuent alors leurs proies et les sucent sur-le-champ.

Qui n'a pas remarqué, dans les champs ou sur le bord des routes, ces amas de bulles qui ont l'aspect d'un crachat, à mi-hauteur d'un brin d'herbe? Combien se sont penchés pour les examiner de plus près? En fait ces «crachats de coucous» sont produits par des larves de cercopes (homoptères) qui s'y cachent (figure 3.2); en soufflant légèrement sur les bulles, on les voit apparaître.

Figure 3.1 — *Punaise embusquée sur une fleur. Grâce à ses pattes antérieures ravisseuses, elle peut capturer des proies souvent beaucoup plus grosses qu'elle.*

Figure 3.2 — *Larve de cercope (homoptère) en partie cachée dans un amas de bulles qu'elle a elle-même produites. Cet amas de bulles est faussement appelé crachat de coucou ou crachat de crapaud.*

Certains coléoptères ont des comportements plutôt amusants. Le staphylin par exemple, qui, après s'être posé, retrousse et tortille son abdomen afin de plier ses ailes postérieures pour les insérer sous ses élytres tronqués. Quant aux taupins, lorsqu'ils se retrouvent sur le dos, un mécanisme très simple leur permet de sauter dans les airs tout en émettant un «clic» sonore; ils recommencent jusqu'à ce qu'ils retombent sur leurs pattes.

Pour ceux que l'observation des insectes fascine au point de les fixer sur pellicule, on recommande le livre de Nuridsany et Pérennou (1975). Les auteurs y présentent de façon simple et claire les principes et les techniques de la photographie rapprochée. Le tout y est admirablement illustré. On consultera avec profit les ouvrages de Blaker (1976; 1977), Coiteux (1977) et Durand (1975) qui abordent aussi le sujet de la photographie rapprochée.

■ Matériel de base

Un débutant peut faire des captures intéressantes en utilisant ses mains et quelques contenants, cependant il se rendra compte rapidement des limites de cette méthode. Le coût du matériel présenté ici est très raisonnable si l'on considère que plusieurs pièces peuvent être bricolées à la maison ou provenir du recyclage de produits domestiques.

▪ Filets
à insectes

Le filet à insectes augmente de façon considérable l'efficacité de l'entomologiste sur le terrain. Il existe trois types de filets: le filet à papillons pour attraper les insectes qui volent, le filet fauchoir pour battre les herbes, et le troubleau pour capturer les insectes aquatiques. Après avoir décrit en détail les composantes d'un filet, on expliquera les traits distinctifs de chacun. Le débutant aura avantage à confectionner un filet solide qui pourra être utilisé à plusieurs fins.

Le filet comprend trois parties: le cercle, le sac et le manche (figure 3.3). Le cercle, fait d'un solide fil de fer de 2 à 3 mm de section, doit avoir entre 30 et 40 cm de diamètre. Pour le fabriquer on peut utiliser un cintre. Les derniers centimètres de chaque extrémité du fil de fer (les pattes) seront droits, de longueur inégale et placés dans des rainures creusées au bout du manche (figure 3.3 B). Pour une plus grande solidité, plier le dernier centimètre de chaque patte de sorte qu'il soit coincé dans un orifice préalablement percé au fond de la rainure. Une fois installées, les pattes sont fixées solidement au manche avec un fil de fer flexible, une corde solide ou un ruban adhésif résistant. On peut aussi utiliser un tube de métal d'environ 5 cm de long qui, ajusté au diamètre du manche, emprisonnera les pattes du cercle; cette méthode permet d'assembler le filet sur le terrain et facilite le changement des sacs.

La qualité du tissu utilisé pour confectionner le sac dépend du mode de capture prévu et du matériel disponible: coton, nylon ou toile claire. Le tissu choisi doit être transparent et assez résistant. Bien que la couleur ait peu d'importance, le blanc et le vert sont recommandés parce qu'ils facilitent le repérage de l'insecte capturé. Un modèle, illustré à la figure 3.3 C, montre comment découper le sac. La circonférence du cercle correspond à environ trois fois son diamètre (ou six fois son rayon). La profondeur doit au moins doubler le diamètre du sac, ce qui permettra d'emprisonner l'insecte capturé en repliant le sac contre le cercle par une simple rotation du manche (figure 3.3 D). On conseille de renforcer le bord du sac avec une bande de coton ou de toile forte pour augmenter sa durabilité. Après avoir cousu ensemble les deux moitiés du sac et terminé le rebord, il ne reste plus qu'à enfiler le cercle dans ce dernier.

On choisit un manche léger mais résistant. Une tige de bambou ou le manche d'un vieux balai coupé à une longueur de 60 à 100 cm conviendront parfaitement.

Filet à papillons

Le filet à papillons aura une large ouverture (environ 40 cm). Le sac sera composé d'un tissu léger (tulle, mousseline ou plein jour) aussi doux que possible, aux fibres espacées afin d'offrir une faible résistance à l'air.

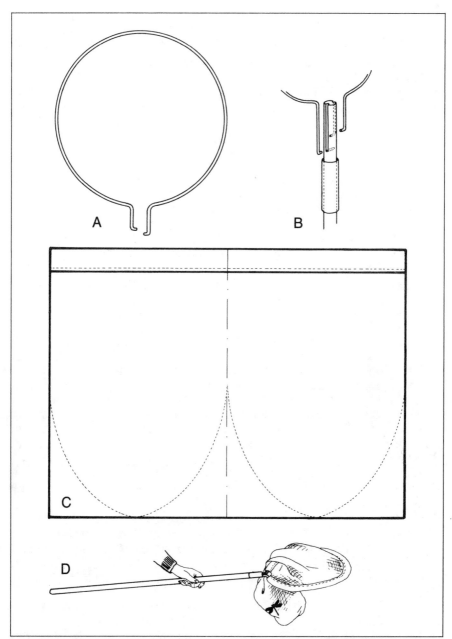

Figure 3.3 — Filet entomologique. A, cercle. B, fixation du cercle à l'extrémité du manche. C, contour du sac à dessiner sur le tissu choisi. D, position du filet après capture d'un insecte.

Il est préférable de choisir un long manche. Ce type de filet est généralement utilisé pour attraper les insectes au vol, aperçus au sol ou sur une plante. La capture d'un papillon en vol demande beaucoup d'adresse; avec de la pratique, vos gestes gagneront en précision et vivacité. Pour capturer un insecte posé, il s'agit de rabattre rapidement le filet sur lui. En redressant le fond du sac, l'insecte y montera, recherchant la lumière. On n'a plus qu'à le coincer dans une poche créée en refermant le sac avec une main. Cependant, cette technique n'est pas infaillible, certains insectes préfèrent se réfugier au sol.

Selon le type d'insecte capturé, on procède de différentes façons pour le transférer dans un flacon. On se servira de la main si l'insecte ne pique pas. Dans le cas contraire, ou si c'est un papillon, il est préférable d'envoyer le spécimen au fond du sac par un déplacement rapide du filet et de fermer le sac juste devant l'insecte, en plissant le filet avec la main. On introduit alors un contenant à large ouverture dans le filet, on relâche la prise sur le sac et l'on pousse l'insecte au fond du contenant. En insérant le bout du sac dans une chambre asphyxiante, on évite ainsi les piqûres d'hyménoptères. Lorsqu'ils sont immobiles on peut les transférer dans la chambre.

Filet fauchoir

Le filet fauchoir doit être fabriqué avec du matériel résistant. Plusieurs entomologistes transforment une épuisette de pêcheur en un filet fauchoir robuste. Son cercle en métal plat résiste bien aux mauvais traitements qu'on lui inflige. En effet, dans un mouvement de fauchage, l'on promène vivement le filet dans les hautes herbes, tout en marchant, jusqu'à ce que le fond du sac soit gonflé de feuilles et de petites branches. Une mousseline forte ou une toile à fibres serrées permet de confectionner un sac solide. Pour lui assurer une meilleure résistance, on devrait recouvrir le bord du cercle d'une bande de toile plastique. On accordera donc une attention spéciale au manche et au système d'attache. Afin de ne pas endommager le filet, on évitera de faucher près des aubépines, des framboisiers ou des barbelés.

Utilisé dans les champs abandonnés ou les clairières, le filet fauchoir donne un bon aperçu des espèces d'insectes qui y vivent. Lorsque le fond du filet commence à s'alourdir, on y introduit un grand bocal à large ouverture et on pousse les feuilles, les fleurs et les insectes dans le bocal. On visse le couvercle du bocal et on dépose celui-ci dans un sac à dos. Au retour de l'excursion, on les entrepose au congélateur pour quelques jours, et l'inventaire des captures pourra se faire lors d'un temps libre. S'il faut éviter de faucher après une pluie, il est cependant recommandé de le faire avant une pluie chaude ou un orage. Les brusques variations de pression barométriques semblent stimuler l'activité des insectes.

Filet troubleau

Comme son nom l'indique, ce filet permet la capture d'insectes aquatiques. Étant donné la forte résistance de l'eau, les matériaux choisis doivent répondre à certaines exigences. Fait de métal plat (10 mm sur 3 mm) ou d'un fil de fer rigide (section de 5 mm et plus), un cercle d'environ 20 cm de diamètre se manœuvre plus facilement. Certains entomologistes préfèrent un filet de forme triangulaire qui assure un bon contact avec le substrat. Les fibres du tissu choisi pour confectionner le sac doivent être suffisamment espacées pour laisser l'eau s'échapper mais assez serrées pour retenir les insectes. La profondeur du sac ne dépassera pas son diamètre. Le fond est tronqué ou très arrondi pour éviter que les insectes (surtout les larves) ne soient déformés lorsqu'ils seront coincés par des débris de toutes sortes. Le manche aura entre 1 m et 1,50 m de long. Un manche plus long permet d'explorer un plus grand nombre de milieux.

Le filet troubleau s'utilise en eau stagnante comme en eau courante. Il arrive souvent que l'on sous-estime la richesse de ces milieux. Les insectes se cachent dans la végétation aquatique, sous les lentilles d'eau (*Lemna minor*) ou dans les crevasses inondées que surplombe la berge. En eau courante et peu profonde, on tient d'une main la tête du filet appuyée au fond, et de l'autre, on soulève les roches quelques pouces en amont du filet. C'est le courant qui maintiendra le filet bien ouvert et les insectes délogés s'y retrouveront. Pour les séparer des particules de vase et de débris, il suffit de répandre le contenu du filet dans un plateau à fond blanc et de récolter les individus intéressants. Si l'on ne désire pas s'encombrer d'un plateau, on le remplace par un sac à ordures de couleur blanche, étendu sur une dépression de la berge et qu'on recouvre de quelques centimètres d'eau.

◼ Contenants neutres et congélation

Pour l'entomologiste débutant, il existe une grande variété de contenants domestiques utilisables. Idéalement, ces contenants sont faits de plastique transparent, possèdent une large ouverture et se ferment par un couvercle qui se visse. Les contenants de verre sont aussi très utiles, cependant il est prudent d'en renforcer le fond avec du ruban adhésif (figure 3.4). Cette opération limite les dégâts et les risques de blessure en cas d'accident.

Les pots de nourriture pour bébés conviennent très bien pour accumuler des insectes de petite ou moyenne taille. Par temps très chaud, l'insertion de quelques feuilles évite la mort des insectes par dessication tout en leur fournissant des abris.

L'utilisation d'un contenant neutre (sans produits chimiques) nécessite l'observation de certaines règles élémentaires. Avec l'expérience, on

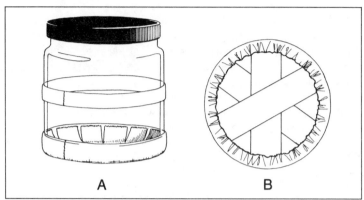

Figure 3.4 — Bocal de verre utilisé comme contenant neutre. A, le fond est renforcé à l'aide de ruban adhésif; une bande collée à mi-hauteur réduira les chocs avec les bocaux voisins. B, détail du dessous.

apprend à isoler certains insectes «destructeurs» (cicindèles et guêpes sociales) qui en mutilent d'autres qui sont à leur portée. On ajoute des papiers-mouchoirs pour les criquets, les sauterelles et les bourdons qui vident fréquemment leur contenu stomacal sur les parois du contenant. Ainsi on limite les dégâts. Enfin, on saura que tout insecte placé avec des papillons sera couvert d'écailles.

Un sac à dos opaque ou l'équivalent est très utile lors du transport d'insectes vivants. On évite ainsi de se déplacer avec des bocaux de verre dans les mains. Il permet également de placer les insectes dans un milieu semi-obscur diminuant alors leur activité. L'utilisation de sacs réfrigérés («ice pak») aura également le même effet sur les insectes. Pendant l'exploration d'un milieu, on peut aussi déposer à l'ombre le sac qui contient les insectes vivants. On aura soin de placer un morceau de tissu entre les bocaux pour amortir les chocs et diminuer les risques de bris.

De retour à la maison, on peut placer les bocaux renfermant les captures dans des sacs de plastique propres et (en accord avec les autres membres de la famille!) les déposer dans le congélateur. Cette méthode est sécuritaire car elle ne nécessite pas l'emploi de produits chimiques. De plus, on n'a pas l'obligation de monter les spécimens à la fin d'une journée exténuante. Si les contenants sont hermétiques, les insectes resteront en bonne condition plusieurs jours, voire des semaines. Après un minimum de trois jours, les insectes devraient être morts. On peut sortir les contenants du congélateur mais on doit attendre que ceux-ci prennent la température de la pièce avant de les ouvrir; on évite ainsi la condensation d'eau sur la paroi des contenants et sur le corps des spécimens. Cette précaution est très importante pour les papillons. On doit porter une attention particulière aux bourdons et guêpes capturés au printemps car ils hibernent à l'état adulte et certains peuvent survivre aux quelques heures passées au congélateur.

▓ Chambre asphyxiante

Lorsque la congélation se révèle impossible, certains produits chimiques (utilisés en petites quantités dans des contenants bien fermés) offrent l'avantage d'asphyxier rapidement les insectes. On conseille une grande prudence lors de leur utilisation car ce sont des poisons.

Pour des raisons de sécurité, le benzène, le tétrachlorure de carbone (CCl_4) et le chloroforme sont rayés de la liste des produits asphyxiants. D'autres produits présentent certains désavantages: l'éther est très volatil et inflammable; l'ammoniaque modifie rapidement les couleurs des insectes; le tétrachloroéthane et le dichlorure d'éthylène sont peu accessibles.

L'entomologiste qui utilise des produits chimiques pour asphyxier ses captures doit suivre scrupuleusement certaines règles: choisir des contenants qui ferment hermétiquement, y accoler une étiquette bien visible indiquant la nature du produit utilisé et le mot **POISON** en évidence; éviter d'inhaler les gaz qui s'en échappent; évaluer plutôt le pouvoir asphyxiant en calculant le temps que l'insecte met pour s'immobiliser; renforcer le fond des bocaux de verre avec du ruban adhésif; se laver soigneusement les mains après la manipulation du matériel; ne jamais déposer des contenants ou des insectes ayant été en contact avec des produits chimiques dans le congélateur pour éviter la contamination des aliments; enfin, puisque plusieurs de ces produits volatils irritent les yeux et les muqueuses des voies respiratoires, les manipuler avec la plus grande prudence.

Acétate d'éthyle

L'acétate d'éthyle (ou éther acétique) est à la fois relativement efficace et sécuritaire lorsque l'on s'en sert correctement. Il faut se rappeler que ce produit est inflammable et qu'il a la propriété de déformer certains plastiques mous. La chambre asphyxiante sera donc faite d'un bocal ou d'un tube de verre dont le fond sera recouvert extérieurement de ruban adhésif. On dépose un matériel absorbant au fond du contenant (ouate, sciure de bois tassée, couche de plâtre de Paris bien sec ou morceau de feutre) (figure 3.5 A). Avant de partir en excursion, on «active» la chambre par quelques gouttes d'acétate d'éthyle. Ensuite, on recouvre le fond d'un disque de carton ou d'un papier buvard découpé sur mesure, ou encore d'une couche de ouate tassée. Cette dernière étape a pour but de garder bien au sec les spécimens qui ont des écailles. L'acétate d'éthyle étourdit rapidement les insectes, cependant ceux-ci doivent demeurer environ une demi-heure dans la chambre, sinon ils reprennent leurs activités comme si de rien n'était. Les papillons résistent plus longtemps à ce produit; on place alors la chambre dans l'obscurité (au fond du sac à dos) et on porte une attention particulière à l'humidité qui y règne. Enfin, l'acétate d'éthyle peut faire virer au rouge les teintes vertes de plusieurs insectes.

Lors de longues excursions, plusieurs tubes remplis au tiers de sciure de bois (d'arbres feuillus seulement) seront utiles. On dépose la sciure, préalablement tamisée pour enlever la fine poussière, dans les tubes. On ajoute ensuite quelques gouttes d'acétate d'éthyle. Les spécimens capturés, surtout les coléoptères, s'enfonceront dans la sciure et y seront rapidement asphyxiés. Si les tubes ferment hermétiquement, les spécimens resteront en bonne condition jusqu'à ce qu'on ait le temps de les monter.

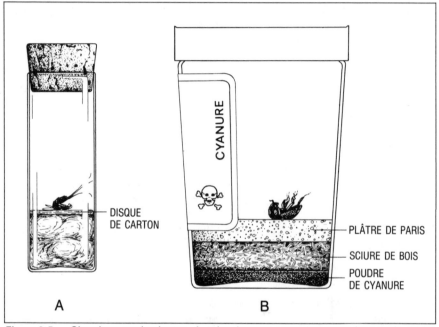

Figure 3.5 — *Chambres asphyxiantes. A, tube de verre avec une ouate humectée d'acétate d'éthyle. B, pot de plastique avec cyanure.*

Cyanure

Le cyanure de potassium (KCN) ou de sodium (NaCN) est un poison violent **qu'un adulte doit manipuler avec la plus grande prudence.** À cause de sa toxicité, il est aujourd'hui beaucoup plus difficile de s'en procurer. Toutefois, comme c'est le seul produit capable d'asphyxier les papillons en quelques secondes, on explique ici la confection d'une chambre asphyxiante «spécialisée».

Choisir un contenant de plastique transparent incassable à large ouverture (figure 3.5 B). Sous une hotte de laboratoire ou dans un endroit bien ventilé, verser quelques granules ou de la poudre de cyanure dans le bocal pour obtenir une couche de 5 à 10 mm d'épaisseur. Recouvrir de sciure de bois ou de plâtre de Paris sec pour qu'une fois comprimée, cette seconde couche ait une épaisseur de 10 à 20 mm. Délayer ensuite du plâtre de Paris dans de l'eau pour obtenir une pâte plutôt épaisse, et la répandre sur la sciure ou la poudre sèche afin d'obtenir une épaisseur de 10 à 15 mm. Frapper légèrement sur les côtés du contenant aide à l'étalement de la pâte. Laisser sécher le plâtre sous la hotte ou à l'extérieur pendant une dizaine d'heures avant de mettre le couvercle (ne pas exposer au soleil ni à la chaleur). Après ce délai, fermer hermétiquement le contenant et l'identifier convenablement. Garder en lieu sûr, avec les autres produits toxiques.

À chaque utilisation, éviter de respirer le gaz qui s'en échappe. Une chambre asphyxiante bien préparée et manipulée correctement peut durer plusieurs semaines. Lorsqu'elle a perdu de son efficacité, certains conseillent d'humecter le plâtre et de refermer le contenant. Cela ne fonctionne pas toujours.

Quelques minutes après l'immobilisation des spécimens, il faut les transférer dans un contenant neutre; les insectes oubliés dans une chambre à cyanure deviennent raides, difficiles à étaler et leurs couleurs s'en trouvent modifiées.

Avant de se débarrasser d'une chambre, il faut neutraliser le cyanure. Pour ce faire, on verse environ 10 g de sulfate ferreux ($FeSO_4$) dans le contenant; celui-ci est ensuite rempli d'eau et refermé. Après 24 heures, on peut en disposer.

■ Alcool

À l'aide de contenants hermétiques, on peut utiliser de l'alcool éthylique (ou éthanol) à une concentration d'environ 75 % pour tuer rapidement les insectes. C'est d'ailleurs la meilleure façon de conserver plusieurs groupes d'insectes au corps mou (larves, éphémères, pucerons) qui se déforment considérablement en séchant. Le méthanol et l'alcool isopropylique (alcool à friction) peuvent aussi être employés comme liquides de conservation. Certains collectionneurs ajoutent un peu de glycérine (de 2 à 5 %) afin que les spécimens conservent leur malléabilité en cas d'évaporation de l'alcool. Après quelques jours d'entreposage, on recommande de remplacer l'alcool des contenants (remplis d'insectes). Les liquides internes du corps des insectes diluent l'alcool ce qui nécessite son remplacement pour une meilleure conservation. Enfin, les couleurs vertes et jaunes s'atténuent lorsque les spécimens séjournent dans l'alcool.

Certains coléoptéristes accumulent leurs captures dans de petites bouteilles d'alcool en attendant de les monter. Cette méthode ne convient pas aux papillons et autres insectes recouverts d'écailles car celles-ci se détachent avec le temps. Certains insectes, comme les diptères et les hyménoptères, se conservent bien dans l'alcool. Cependant, il est possible qu'ils se déforment après l'épinglage car ils n'ont pas une cuticule aussi dure que celle des coléoptères.

Certains insectes au corps mou se déforment et se recroquevillent lorsqu'on les dépose vivants dans l'alcool. Pour éviter cet inconvénient, on les plonge vivants dans l'eau très chaude. La mort est instantanée. De cette façon, le corps et les appendices restent allongés. Une fois l'eau refroidie, on transfère les spécimens dans des bouteilles contenant de l'alcool.

■ Instruments pratiques

Une bonne loupe à main (ou loupe pliante; figure 3.6) grossit entre 10 et 20 fois. Elle est indispensable à l'entomologiste qui désire identifier l'insecte récolté. Attachée autour du cou et refermée dans un étui protecteur, elle se glisse facilement dans une poche. L'utilité d'une loupe sur le terrain est directement liée à sa qualité et à son rapport de grossissement. Un test préalable avec les insectes que vous avez l'habitude d'observer sur le terrain devrait vous permettre de préciser le rapport de grossissement convenant à vos besoins. Le débutant peut également utiliser avec profit une loupe à manche permettant un grossissement de six ou dix fois.

Figure 3.6 — Loupe pliante.

Pinces fines (brucelles; figure 3.7), petits pinceaux et couteau de poche sont utiles sur le terrain. Les pinces servent à saisir les insectes difficilement accessibles, cachés dans les fentes ou sous l'écorce d'un arbre. Un pinceau mouillé permet de ramasser des insectes minuscules sans les endommager. Un couteau de chasse de bonne qualité et une hachette facilitent l'écorçage des arbres morts, la fouille des souches ou des crottins. Un modèle de couteau non pliant est plus durable; on le porte généralement à la ceinture, dans un étui de cuir.

Deux outils utilisés surtout en horticulture répondent à des besoins précis de l'entomologiste: le sécateur et le sarcloir à main (griffe). Le premier coupe proprement les rameaux infestés de larves ou ceux prélevés pour nourrir les chenilles en élevage. Il facilite grandement la prise d'échantillons d'humus en forêt ou de sphaignes en tourbière. Pour sa part, le deuxième sert au grattage des feuilles mortes et des mousses ou encore à déplacer les petites pierres, délogeant ainsi les insectes de leurs abris.

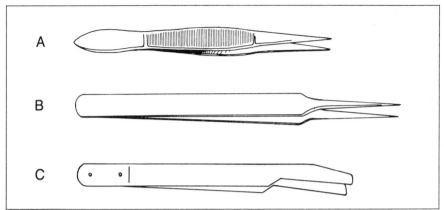

Figure 3.7 — Divers types de pinces. A, à écharde. B, à pointes extra-fines. C, à pointes mousses.

■ Matériel complémentaire

■ Papillotes

Plusieurs entomologistes qui étudient les odonates ou les lépidoptères déposent une partie de leur collection dans des papillotes, ce qui leur évite de monter leurs spécimens sur épingles et réduit énormément l'espace de rangement nécessaire. Les papillotes sont de petites enveloppes en papier ou en plastique que l'on peut fabriquer soi-même. Celles en plastique transparent permettent l'observation directe des spécimens. On évite ainsi une manipulation qui risque d'abîmer les spécimens rendus fragiles par le séchage.

On plie des feuilles rectangulaires, de grandeur variable selon la taille des insectes recherchés (par exemple 5 cm sur 10 cm ou 10 cm sur 20 cm), de façon à former des enveloppes triangulaires. La figure 3.8 illustre la procédure à suivre. D'abord, plier la feuille une première fois en se guidant sur la ligne pointillée oblique (B); ce pli deviendra l'hypoténuse du triangle. Rabattre les deux petits rectangles M et N sur la partie pliée de la feuille (C), formant ainsi une enveloppe. Il ne reste plus qu'à rabattre les petits triangles (D) qui tiendront la papillote cachetée.

Ceux qui utilisent une chambre asphyxiante sur le terrain ont avantage à apporter un certain nombre de papillotes de différentes grandeurs. Ils pourront y déposer odonates, lépidoptères, orthoptères et neuroptères à leur sortie de la chambre asphyxiante. On ne place habituellement qu'un seul spécimen par enveloppe, le corps de ce dernier reposant sur le plus long côté du triangle; les ailes sont relevées au-dessus du corps pour permettre l'observation des nervures.

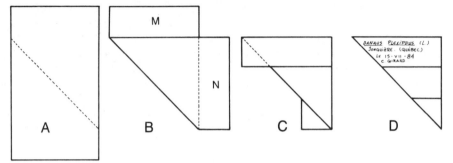

Figure 3.8 — Fabrication d'une papillote.

Au retour du terrain, ces spécimens peuvent être montés sur épingles ou conservés tels quels dans une boîte solide et hermétique. Il ne faut pas oublier d'ajouter un peu de naphtalène (boules à mites) ou de paradichlorobenzène (préalablement enveloppé dans du papier) dans un coin de la boîte pour protéger la collection des petits coléoptères qui apprécient cette nourriture sèche.

■ Boîtes de coton hydrophile

Lors de longues expéditions, on accumule les insectes au corps trapu, tels les coléoptères et les hémiptères, entre des épaisseurs de coton hydrophile (ouate) déposées dans une boîte de carton ou de bois. Ceci empêche le frottement des spécimens. C'est également une méthode de conservation à long terme. Leur montage peut nécessiter un séjour dans une chambre humide pour ramollir leurs articulations.

■ Draps, toile et battoir

On ne voit qu'un très faible pourcentage des insectes qui vivent sur les arbres ou les arbustes. Une méthode fort simple pour capturer une grande variété de ces insectes consiste à disposer au pied d'un arbre un vieux drap blanc ou une toile de plastique de teinte pâle et à secouer les branches basses qui sont au-dessus. On peut également battre les branches à l'aide d'un bâton solide. Dérangés, les diptères et les hyménoptères adultes s'envoleront, mais plusieurs hémiptères et coléoptères lâcheront prise et se laisseront tomber. Les psoques et plusieurs types de larves feront également partie du butin.

Le battoir (parapluie japonais) s'utilise de façon similaire. Il comprend un carré de toile d'environ 90 cm de côté, tendu par deux tiges croisées (figure 3.9). Dans chaque coin du carré, des triangles de toile ne sont cousus que sur la marge du carré. Si des triangles sont cousus sur les deux faces de la toile, celle-ci devient réversible. Un trou, percé au milieu de baguettes de bois ou de tuyaux de métal léger (conduits électriques), permet de les réunir grâce à un boulon muni d'un écrou à oreilles. Ainsi construit, le battoir s'assemble facilement sur le terrain. On réunit les deux tiges, on serre l'écrou à oreilles et on insère les extrémités des tiges dans les coins de la toile. Une main tient le battoir et l'autre frappe les branches qui sont au-dessus à l'aide d'un bâton. Cette méthode permet de mieux surveiller ce qui tombe de l'arbre (surtout les petits insectes) tout en réduisant l'effet de dérive du vent.

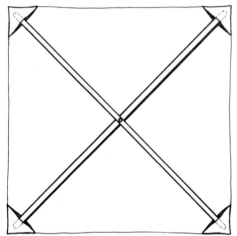

Figure 3.9 — *Modèle pratique de battoir, vue de dessus.*

■ Aspirateurs

Les aspirateurs sont très pratiques pour capturer de petits insectes sans les abîmer. Il en va de même pour les insectes délicats ou rapides qui sont difficiles à saisir avec des pinces. La fabrication d'aspirateurs buccal et mécanique (pompe manuelle) est présentée ici.

L'aspirateur buccal (figure 3.10 A) est généralement constitué d'un flacon de plastique transparent de forme cylindrique fermé par un bouchon de caoutchouc. Celui-ci est percé de deux trous permettant le passage de tuyaux de cuivre d'environ 6 mm de diamètre. L'insertion des tuyaux dans le bouchon se trouve facilitée si l'on trempe une de leurs extrémités dans du savon liquide. Le premier tuyau est court. Un tissu aux fibres serrées ou un treillis métallique fin doit recouvrir son extrémité inférieure. Ce filtre évite l'absorption d'insectes lors de la succion. Un tube flexible de plastique transparent est fixé à l'extrémité supérieure du tube de succion; on se sert alors d'une section (40 cm de longueur) de tube vendu pour les systèmes de filtration d'aquarium. L'autre tuyau de cuivre (tuyau collecteur) est long et courbé. Il doit pénétrer plus profondément dans le contenant. Un tube flexible de plastique transparent peut aussi être ajouté à son extrémité supérieure.

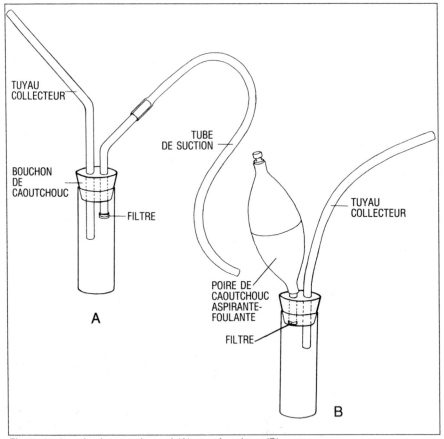

Figure 3.10 — Aspirateurs buccal (A) et mécanique (B).

Le fonctionnement de ce type d'aspirateur est fort simple. Il s'agit d'approcher l'extrémité libre du tuyau collecteur d'un petit insecte et d'aspirer fortement dans le tube de succion maintenu entre les dents. Si le bouchon de caoutchouc est bien ajusté, un vide partiel se créera dans le flacon collecteur et l'insecte y sera aspiré. À l'usage, on découvre certains inconvénients à utiliser ce type d'instrument. En effet, certains insectes exsudent des substances volatiles, au goût plus ou moins agréable; sans compter les écailles et les soies d'insectes, de même que les minuscules poussières qui traversent parfois le filtre.

Mise en garde. Les personnes souffrant déjà d'allergies ne devraient pas utiliser l'aspirateur buccal. Pour les autres, on recommande de l'utiliser avec discernement et de surveiller toute réaction anormale.

L'aspirateur mécanique permet d'échantillonner sans les risques liés à l'utilisation de l'aspirateur buccal. Une poire de caoutchouc aspirante et foulante remplace le tube de succion. L'extrémité inférieure de la poire est enfoncée directement dans un orifice du bouchon (figure 3.10 B). Un petit treillis métallique, disposé à l'entrée du même orifice, agit comme filtre. L'utilisation est simple. Il suffit d'écraser la poire, de présenter l'extrémité du tuyau collecteur juste au-dessus du spécimen et de relâcher brusquement la pression.

Pour éviter le transfert d'insectes du flacon de l'aspirateur à un deuxième contenant, il est suggéré d'utiliser des flacons identiques sur lesquels le bouchon de l'aspirateur s'adapte parfaitement. Après avoir prélevé un échantillon, les spécimens peuvent être ramenés vivants au laboratoire ou préservés dans quelques ml d'alcool éthylique à 75%.

■ Techniques particulières

▨ Pièges lumineux

On a tous observé l'attraction qu'exerce une source de lumière artificielle sur certains groupes d'insectes. Il est facile d'en tirer profit. Par une soirée sans vent, de préférence chaude et humide, on suspend un vieux drap blanc entre deux arbres ou deux perches solides. Pour bien tendre la corde qui soutient le drap, des haubans munis de petits piquets (matériel de camping) devraient renforcer les perches de façon appropriée (figure 3.11). Une bande d'environ 30 cm (d'une extrémité) du drap doit reposer sur le sol. Ceci permettra de retrouver facilement les insectes qui tomberont lorsque leur vol sera interrompu par le drap. À environ un mètre de l'écran, on installe une source lumineuse: une ampoule électrique (minimum de 100 watts) avec réflecteur, lanterne à gaz ou lampe de poche puissante (accumulateur de six volts). Il ne reste plus qu'à surveiller patiemment le drap et à capturer les insectes. Une lumière vive, blanche et diffuse sera particulièrement efficace. Un filet entomologique pourrait se révéler utile.

Certains entomologistes utilisent avantageusement des sources de lumière ultraviolette («black light»). Ces tubes fluorescents de 10 ou 15 watts fonctionnent soit sur le courant alternatif (110 volts), soit à l'aide d'un accumulateur de 12 volts. **Attention!** Certains tubes produisent une lumière pouvant endommager la vue. Les modèles utilisés dans les discothèques conviennent généralement (exemple: tube blanc de 45 cm de long et de 25 mm de diamètre). On suspend la source lumineuse dans le haut de l'écran. Une lampe de poche de qualité permettra de bien voir les insectes.

Il est conseillé de s'éloigner le plus possible d'autres sources lumineuses intenses susceptibles de réduire l'efficacité de l'installation. Les milieux dégagés et possédant une végétation variée procurent les récoltes les plus intéressantes. Enfin, lorsque la température est inférieure à 10°C, un piège lumineux n'est guère rentable.

Il existe des insectes nocturnes non attirés par la lumière. On les cherche la nuit sur les troncs d'arbres, les litières de feuilles, les arbres tombés ou les rochers. On se sert alors d'une bonne lampe de poche ou d'une lampe frontale. Cette dernière a l'avantage de libérer les mains. On suggère aussi d'appliquer des solutions sucrées, fruitées (légèrement alcoolisées ou fermentées) sur des troncs d'arbres au crépuscule. Une visite régulière des troncs au cours de la soirée permettra la capture de plusieurs espèces d'insectes attirées par l'odeur sucrée.

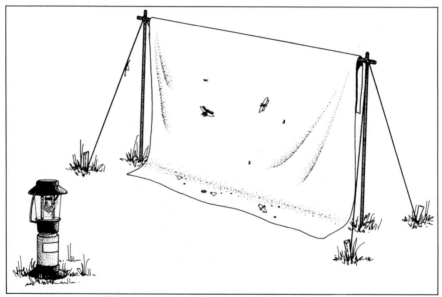

Figure 3.11 — Installation d'un piège lumineux.

■ Faune aquatique et semi-aquatique

Les berges riches en végétation des étangs et des lacs abritent plusieurs espèces d'insectes. Pour compléter les récoltes faites avec le troubleau, on chausse des bottes imperméables et on piétine, sur des petites surfaces, longuement les plantes aquatiques et les débris partiellement immergés. Cette opération force plusieurs insectes (surtout les coléoptères) à remonter à la surface où on n'a plus qu'à les cueillir.

On découvre également une faune intéressante sur les berges des ruisseaux et des rivières. Certains coléoptères se cachent sous les pierres ou les débris, d'autres s'enfouissent dans le limon. Au lieu de déplacer toutes les petites pierres ou tenter de chercher des spécimens cachés dans la boue, on crée une inondation artificielle. À l'aide d'un seau, on arrose modérément un mètre carré de la berge. On observe ensuite attentivement la surface inondée et on prélève avec des pinces souples les individus qui fuient.

L'ouvrage de Merritt et Cummins (1978) détaille le matériel et les techniques de capture d'insectes aquatiques (voir aussi la section traitant du filet troubleau).

■ Faune du sol

Les quatre techniques décrites dans cette section sont un peu plus spécialisées. Elles s'adressent surtout aux coléoptéristes et à ceux qui s'intéressent à la microfaune du sol.

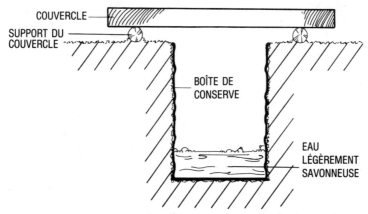

COUVERCLE

SUPPORT DU COUVERCLE

BOÎTE DE CONSERVE

EAU LÉGÈREMENT SAVONNEUSE

Figure 3.12 — Exemple d'installation d'un piège-fosse.

Pièges-fosses

Des boîtes de conserve vides ou des contenants de plastique d'un ou deux litres, enfouis dans le sol jusqu'au rebord, constituent des pièges efficaces pour la capture d'insectes terricoles et de ceux qui rampent sur le sol. On choisit d'abord un endroit propice, la bordure d'un champ ou l'orée d'une forêt par exemple (éviter les endroits fréquentés où les pièges risquent de nuire ou d'être dérangés). Après le creusage d'un trou, correspondant au volume du contenant choisi, on s'assure que l'ouverture soit au même niveau que le sol (figure 3.12). Lors de la visite quotidienne des pièges, on y verse de 200 à 400 ml (3 à 4 cm de profondeur) d'eau légèrement savonneuse. Si les visites sont plus espacées, on utilise plutôt une solution composée d'une quantité égale d'eau et d'éthylène-glycol ou encore une solution saturée de sel de table. On protège ensuite le piège en le recouvrant d'une pièce de bois ou d'une roche plate déposée sur quelques cailloux pour laisser circuler les insectes. Ce piège fonctionne en permanence et permet donc la capture d'insectes terricoles aux mœurs nocturnes. Ainsi installé, il est à peu près neutre, c'est-à-dire qu'il n'attire aucun insecte en particulier. Les insectes y tombent au hasard de leurs déplacements.

À l'inverse, l'ajout d'un appât dans le piège le rendra sélectif: la majorité des individus capturés y auront été attirés. Par exemple, on peut déposer le cadavre d'un petit animal ou des déchets de viande sur quelques cm d'épaisseur de sciure de bois répandue au fond d'un piège. Les odeurs dégagées par l'appât intéresseront plusieurs espèces de nécrophages. À mesure que le cadavre se desséchera, des espèces différentes y viendront. Des pinces facilitent alors le prélèvement des spécimens.

Avec un peu d'imagination, en changeant les appâts (champignons, déchets végétaux, excréments d'animaux, solutions sucrées ou acides), il sera possible de diversifier considérablement les captures. Une identification soignée des spécimens devrait permettre de préciser l'attraction exercée par certains appâts sur diverses espèces. Pour obtenir un grand nombre d'espèces, on aura avantage à échantillonner dans plusieurs types d'habitats.

Tamisage

Il s'agit de tamiser des débris végétaux au-dessus d'une pièce de tissu blanc d'environ un mètre de côté. On rencontre presque autant de formes de tamis que d'utilisateurs. Le modèle le plus simple consiste en un treillis métallique, à mailles espacées de 1 cm, monté sur un cadre de bois d'environ 40 cm de côté et de 15 cm de haut. On dépose les matériaux à tamiser dans le tamis et l'on brasse le tout au-dessus du tissu étendu sur le sol. Les plus petits insectes se déplacent à travers les microdébris et tombent sur le tissu. Les plus gros restent dans le tamis. Si l'on superpose deux ou trois tamis dont l'espace entre les mailles va en décroissant, il en résultera une amélioration sensible de l'efficacité. Les cadres doivent alors bien s'emboîter les uns dans les autres.

Il existe un autre modèle plus difficile à confectionner mais moins encombrant sur le terrain. Il est constitué d'un cylindre de grosse toile d'environ 40 cm de diamètre et de 30 cm de hauteur (figure 3.13) dont les extrémités sont terminées par deux cercles de broche résistante. Il suffit de fixer un grillage de deux ou trois mailles au centimètre sur l'un des deux cercles.

Figure 3.13 — Tamis avec cylindre de toile (le grillage est visible par fausse transparence).

Tous les débris végétaux peuvent être tamisés. Les feuilles mortes à l'orée d'une forêt, surtout près d'endroits humides, recèlent une faune entomologique particulièrement riche. Une faune intéressante se retrouve aussi dans les mousses se développant sur les troncs d'arbres, les paquets d'herbes sèches, les débris sur les rivages et la sphaigne des tourbières.

Appareil de Berlese

Pour avoir une idée plus juste de la diversité de la microfaune du sol, on utilise l'appareil de Berlese (figure 3.14) pour en extraire les organismes. L'appareil comprend un gros entonnoir qui reçoit l'échantillon de matière végétale, un grillage de deux ou trois mailles au centimètre supportant l'échantillon et un récipient contenant quelques ml d'alcool à 75 % dans lequel tomberont les arthropodes. On économise l'alcool en le remplaçant par une solution savonneuse. Celle-ci abaisse la tension superficielle de l'eau et les organismes, ne pouvant plus y flotter, s'y noient. Il ne reste qu'à les transférer dans un contenant avec alcool pour les conserver.

Le principe de l'appareil est basé sur un comportement habituel des arthropodes vivant dans la matière végétale en décomposition ou dans la mousse: ils recherchent l'humidité et fuient la lumière. À mesure que l'échantillon sèche, ils descendent dans l'entonnoir à travers les débris pour finalement traverser le grillage et tomber dans la solution. Une ampoule électrique (40 ou 60 W), suspendue à environ 15 cm au-dessus de l'échantillon, accélère le séchage du matériel et la migration des organismes dans le récipient collecteur. À défaut d'ampoule, un tissu plein-jour (ou une mousse-line) est ajusté au sommet de l'entonnoir pour éviter que des insectes ne s'échappent.

Une fois le principe compris, on fabrique «son appareil» selon le maté-riel à sa disposition. Par exemple, un contenant de plastique de quatre litres dont on enlève le fond peut remplacer l'entonnoir (figure 3.14 B). L'impor-tant, c'est de bien ajuster les pièces les unes aux autres.

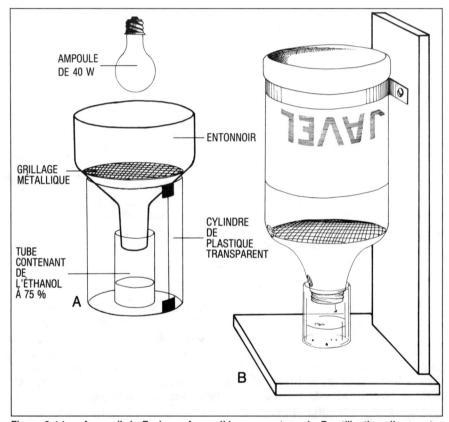

Figure 3.14 — Appareil de Berlese. A, modèle avec entonnoir. B, utilisation d'un conte-nant de plastique recyclé.

Les échantillons déposés dans l'entonnoir peuvent être de nature variée: feuilles mortes, mousses, humus, petites branches, excréments d'ani-maux, etc. Même le matériel préalablement tamisé sur le terrain cache une microfaune diversifiée. Après avoir déposé le matériel dans l'appareil de Ber-lese, on prélève quotidiennement les organismes du récipient collecteur (aca-riens, araignées et insectes). On peut monter sur épingle ou sur pointe quel-ques représentants des diverses formes d'insectes observés.

Immersion

Une technique simple, employée par plusieurs coléoptéristes, permet de récolter des insectes toute l'année. Avec une pelle et des sacs à ordure, on prélève quelques échantillons de feuilles mortes (jusqu'à toucher l'humus) le long des lisières de forêt ou sur des talus (l'hiver, il faut déblayer la neige sur une surface d'un mètre carré). Le matériel déposé dans les sacs est ramené à la maison. Il ne reste plus qu'à tremper les feuilles mortes dans un bassin ou un grand seau d'eau chaude. Les feuilles se séparent et les insectes se retrouvent à la surface. On les prélève délicatement pour les mettre dans une chambre asphyxiante ou un flacon neutre. Un papier-mouchoir froissé déposé dans le fond du contenant assèchera les spécimens.

■ Insectes en captivité

■ Chenilles

L'élevage des chenilles présente beaucoup d'intérêt. Il facilite l'étude des différents stades du cycle vital (oeuf, chenille, chrysalide et adulte) et l'observation de leurs comportements. Il procure des adultes intacts contrairement aux insectes souvent endommagés ou décolorés que l'on rencontre sur le terrain.

Les publications de Béique et Bonneau (1979) et de Laplante (1985) permettront d'identifier les chenilles capturées sur les arbres et de les associer à leurs essences préférées. La connaissance de la plante-hôte est essentielle pour la réussite des élevages.

La première opération consiste à récolter des chenilles d'une ou de quelques espèces. Le débutant aura intérêt à rechercher des chenilles de taille moyenne ou grande pour faciliter son apprentissage; commencer un élevage avec des œufs ou même de jeunes larves demande beaucoup plus d'expérience. On peut utiliser le battoir pour récolter les chenilles à condition de ne travailler que sous une espèce d'arbre à la fois. Lorsqu'on a suffisamment de spécimens, il faut s'assurer qu'il est possible de s'approvisionner en feuilles sur plusieurs arbres ou arbustes appartenant à l'espèce désirée (la plante-hôte). On évite ainsi de dépouiller exagérément un arbre ou un arbuste et de mettre sa vie en danger.

De retour d'excursion, on installe les chenilles dans des cages de bois avec de grandes fenêtres en mousseline ou de moustiquaire (figure 3.15). Si la cage est gardée à l'extérieur, on utilise la mousseline ou le plein-jour pour éviter les infiltrations possibles de minuscules parasites par les trous de la moustiquaire. Une boîte de carton solide, préparée de la même façon, est aussi appropriée en s'assurant toutefois qu'il n'y a pas de sortie possible pour les pensionnaires. Pour de petites larves ou des rameaux portant des œufs, des boîtes de plastique transparent sont suffisantes. Du papier journal, déposé au fond de la cage, absorbera le surplus d'humidité et facilitera le nettoyage. Il faut éviter de surpeupler les cages ou les boîtes.

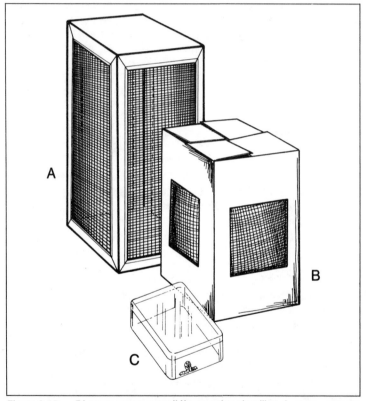

Figure 3.15 — Diverses cages pour l'élevage des chenilles. A, avec un cadre de bois. B, avec une boîte de carton. C, boîte de plastique transparent pour les jeunes chenilles.

On ne manipule pas les chenilles avec ses doigts mais avec un pinceau à colorier ou des pinces à pointes mousses. On les approvisionne quotidiennement de petites quantités de feuilles de la plante-hôte; un tampon d'ouate humide, attaché à la base des rameaux par un élastique, prolongera leur fraîcheur. Pour diminuer les risques de maladie de l'élevage, on retire les excréments et les spécimens morts.

Arrivées à maturité, les chenilles deviennent ternes, léthargiques et cessent de s'alimenter; elles se préparent à la nymphose. Au cours de cette période, il est préférable de ne pas les déranger. Selon les espèces, on peut retrouver les chrysalides enroulées dans des feuilles de la plante-hôte, attachées à une petite branche (papilionides, piérides), suspendues à la moustiquaire ou à la boîte (la plupart des rhopalocères) ou encore enfouies dans la terre humide (sphingides, noctuides) déposée à cette fin dans un petit contenant de plastique. Si on connaît l'identité des chenilles en élevage, on se limite à répondre à leurs besoins. Pendant la nymphose, on doit humecter les chrysalides quotidiennement, surtout si le temps est chaud et sec; on simule ainsi la rosée du matin.

Quelques petites branches disposées dans les coins de la cage serviront de supports aux adultes nouvellement émergés. Suspendus à ces branches, ils étaleront et sécheront leurs ailes, spectacle inoubliable! Quelques heures plus tard, on pourra les nourrir avec des fleurs fraîchement cueillies ou une solution sucrée (miel dilué à 10%) déposée sur des tampons d'ouate.

Plusieurs espèces passent l'hiver à l'état de chrysalide; dans ce cas, une période minimale d'exposition à de basses températures est nécessaire pour que l'adulte émerge. La méthode la plus simple consiste alors à déposer les chrysalides dans des boîtes contenant de la tourbe ou de la mousse. On installe les boîtes à l'extérieur, dans un endroit sûr. Il s'agit d'humecter la tourbe de temps à autre pour éviter que les insectes ne se dessèchent. On obtient également de bons résultats en déposant les boîtes pendant une douzaine de semaines dans un réfrigérateur à une température d'environ 2°C.

On encourage la consultation d'ouvrages consacrés à l'étude des lépidoptères. Ils contiennent quantité de renseignements qui permettent d'améliorer les techniques d'élevage. De même, il est important de noter les détails des expériences dans un cahier réservé à cette fin. Les périodes d'activité, le nombre de mues, les dates de nymphose, la présence de parasites (diptères, hyménoptères ou autres) constituent des données expérimentales fort valables, que l'on pourra comparer d'une année à l'autre et qu'il sera peut-être intéressant de publier dans une revue destinée aux entomologistes amateurs.

■ Aquariums

Si on possède un aquarium inutilisé à la maison, pourquoi ne pas s'en servir pour observer le comportement des insectes aquatiques. L'installation de l'aquarium est simple: plantes aquatiques, quelques roches servant de caches et un fond de sable feront l'affaire. Il est important d'utiliser l'eau ramenée de l'étang plutôt que celle du robinet. Cette dernière est chlorée et filtrée de tous ses micro-organismes. Il suffit de quelques heures pour visiter un étang riche en végétation aquatique. Un filet troubleau et quelques contenants dans un sac à dos permettent de ramener une faune variée: punaises, coléoptères, larves de diptères, d'odonates, etc. Pour obtenir de meilleurs résultats, on évitera de surpeupler l'aquarium.

En consultant les ouvrages publiés sur les insectes aquatiques et en observant les spécimens qui évolueront dans l'aquarium, on apprend rapidement à reconnaître les espèces prédatrices et les techniques qu'elles utilisent pour capturer leurs proies. Les larves de chironomes (vers de vase), trouvées dans la vase des étangs, et celles des moustiques, capturées en surface, pourront servir de proies. Les punaises aquatiques et les dytiques (coléoptères) se nourriront d'autres insectes, de têtards et de petits poissons.

■ Terrariums

Il est aussi possible d'observer les insectes dans un vieil aquarium qui n'est plus étanche ou dans un bocal en plastique transparent destiné aux plantes.

Trois ou quatre gros carabes se satisferont de quelques centimètres de terre humide et d'un peu de tourbe. Ils creusent rapidement leur terrier et sont très discrets pendant le jour. En soirée, on les nourrit de papillons décapités, de vers de terre sectionnés ou d'un petit morceau de viande hachée fraîche lorsqu'on est à court de proies. Sous un faible éclairage, on verra les carabes dévorer leurs proies. On enlève quotidiennement les restes de repas car cette nourriture se détériore rapidement.

Celui qui préfère plus d'action sera comblé en installant une fourmilière. Un modèle fort populaire consiste en deux vitres carrées, espacées d'environ 3 cm et maintenues verticales par un cadre de bois (figure 3.16). Des rainures creusées dans les planchettes permettent d'y glisser le bord des vitres. Deux pieds latéraux de 10 cm de longueur stabilisent la fourmilière. Le tout doit être solide et à l'épreuve des évasions. Avant d'installer les fourmis, on couvre l'extérieur des vitres d'un papier noir; ceci favorisera le creusage des galeries le long des vitres. Pour trouver des pensionnaires il suffit de creuser sous un petit monticule de sable sec où circulent de petites fourmis brunes. On tente d'amasser un grand nombre d'ouvrières, de larves et de pupes (petites formes blanchâtres) avec le plus petit volume possible de sable. La reine de la colonie est facilement reconnaissable à sa grande taille et sa présence est essentielle au bon fonctionnement de la colonie. Après avoir rempli la fourmilière d'un tiers de sable, on verse ce que l'on a récolté du nid: fourmis, couvain et sable. Après quelques jours seulement, on peut enlever les cartons noirs et admirer le travail de ces petits insectes; plusieurs galeries devraient apparaître de chaque côté de leur nouveau nid. Si on laisse la fourmilière loin des fenêtres, les fourmis continueront leurs activités et vous pourrez les observer à loisir. Quelques gouttes

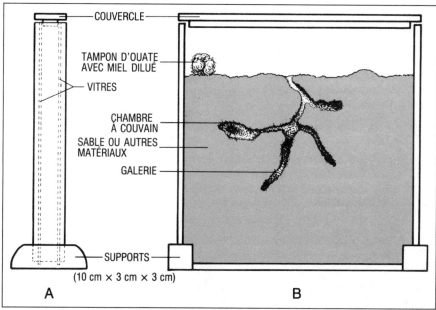

COUVERCLE

TAMPON D'OUATE
AVEC MIEL DILUÉ

VITRES

CHAMBRE
À COUVAIN

SABLE OU AUTRES
MATÉRIAUX

GALERIE

SUPPORTS
(10 cm × 3 cm × 3 cm)

A   B

Figure 3.16 — Modèle de terrarium (30 cm sur 30 cm sur 4 cm) pouvant abriter une colonie de fourmis. A, vue de profil. B, vue de face.

de miel dilué sur un tampon d'ouate et quelques petits insectes fraîchement tués suffisent pour les nourrir. Afin de maintenir constant le niveau d'humidité, on dépose un petit morceau d'éponge ou un autre tampon d'ouate imbibé d'eau sous le couvercle. Enfin, pour éviter les évasions, répandre une mince couche de vaseline (gelée de pétrole) sur le bord interne de la partie supérieure de la fourmilière, juste sous le couvercle.

Plusieurs autres espèces d'insectes (grillons, criquets, mantes, ténébrions, etc.) peuvent faire l'objet d'un élevage en utilisant des installations plus ou moins complexes.

❑ *Ouvrages suggérés: Béique et Bonneau (1979); Borror et White (1970); Colas (1969); Martin (1983); Merritt et Cummins (1978).*

CHAPITRE 4

Montage
et conservation

Ce chapitre est consacré à la préparation, au montage, à l'étiquetage et à la mise en collection des insectes. Ces opérations suivent des règles généralement acceptées par la majorité des entomologistes. Il est aussi question de l'utilisation d'un stéréomicroscope et de la procédure d'envoi d'insectes pour identification.

■ Préparation

■ Décongélation et chambre humide

Après avoir retiré les récipients d'insectes du congélateur, il faut attendre qu'ils prennent la température de la pièce avant de les ouvrir. On évite ainsi la condensation d'eau sur les parois du récipient et sur le corps des spécimens. Cette précaution est très importante pour les insectes à écailles ou poilus (papillons, bourdons, diptères, etc.).

Si les spécimens sont secs, la mise en place de leurs appendices risque de les abîmer. On les place alors dans une chambre humide (ramollissoir; figure 4.1) pour les rendre plus malléables. Cette dernière est habituellement constituée d'un récipient de plastique ou de verre d'une capacité de deux à quatre litres, muni d'un couvercle. On dépose environ 4 cm de sable ou de sciure de bois propre (préalablement stérilisé à l'eau bouillante) dans le fond du récipient. Ce matériel poreux doit ensuite être saturé d'eau. Répandre une cuillerée à table de paradichlorobenzène ou l'équivalent en naphtalène (boules à mites) pour éviter le développement de moisissures. Un carton mince ou une couche de coton hydrophile (ouate) sert de tampon où déposer les spécimens. Un papier absorbant installé sous le couvercle prévient la formation de gouttes de condensation.

Ainsi après douze heures passées dans cette atmosphère saturée d'humidité, les petits spécimens reprendront leur souplesse. Les insectes de grande taille devront y demeurer 24 heures ou plus. On conseille de réhumidifier un petit nombre de spécimens à la fois et de les surveiller pour prévenir le développement des moisissures.

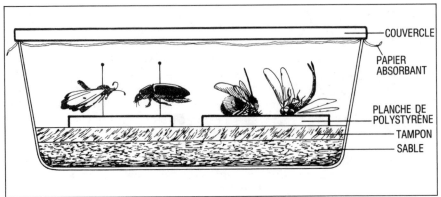

Figure 4.1 — Modèle de chambre humide.

■ Préservation des couleurs

Les couleurs des insectes se divisent en deux grands types: les couleurs structurales et les couleurs pigmentaires. Les reflets métalliques ou irisés des ailes de certains papillons et des élytres de certains coléoptères sont des couleurs structurales. Elles proviennent de la réflexion sélective de la lumière sur les écailles ou la cuticule (la couche externe de l'exosquelette) de l'insecte. La mort de l'insecte n'affecte pas ces couleurs.

La grande variabilité des couleurs pigmentaires est reliée à la diversité chimique des pigments. La plupart des pigments des insectes sont des produits d'excrétion; ils jouent cependant un rôle de première importance dans l'écologie des insectes. Ils peuvent aider au camouflage ou, par des couleurs éclatantes, avertir le prédateur éventuel qu'ils ne sont pas comestibles. Comme la structure chimique de certains pigments se modifie à la mort de l'insecte, il en résulte une perte de couleur. Il est décevant de constater l'aspect terne de certains insectes morts, pourtant si chatoyants sur le terrain. Il existe toutefois quelques techniques simples pour préserver, en partie, les couleurs des odonates et des larves de lépidoptères.

On conseille de sécher rapidement les libellules et les demoiselles au moyen d'une source de chaleur (voir section sur le séchage). Les odonates, conservés dans l'alcool éthylique à 95 % gardent aussi leurs couleurs. Les chenilles sont généralement gardées dans des bouteilles à échantillons remplies d'alcool éthylique ou isopropylique (alcool à friction) à 75 %. Il est préférable de les laver à l'eau tiède avant de les déposer dans l'alcool; cette étape aide à conserver leur coloration. Enfin, il faut éviter d'installer au soleil ou en pleine lumière des boîtes de collection vitrées.

◼ Nettoyage

On enlève les grains de sable et les poussières des spécimens à l'aide d'un petit pinceau souple. Si l'insecte est sale, on le laisse tremper quelques min·ites dans de l'eau tiède légèrement savonneuse. Après l'avoir séché correctement, on :nonte l'insecte sur une épingle. Si l'on a accès à un laboratoire de chimie, on nettoie les insectes graisseux ou englués en les plongeant pendant 24 heures dans quelques ml de liquide assouplisseur, appelé solution de Barber: alcool éthylique commercial 95 % (53 parties), eau distillée (49 parties), acétate d'éthyle (19 parties) et benzène (7 parties). On prépare cette solution sous une hotte pour éviter d'inhaler les vapeurs. On évite de mouiller les insectes velus ou recouverts d'écailles.

◼ Montage

◼ Épinglage

Les épingles entomologiques les plus utilisées sont recouvertes d'un vernis qui les protège de la rouille; d'autres, plus chères, sont en acier inoxydable et ne rouillent pas. Les fournisseurs de matériel entomologique vendent des épingles de différents diamètres correspondant à des numéros: 000 (très fine), 00,0 et de 1 à 7 (la plus robuste). Le diamètre de l'épingle s'accroît avec le numéro de celle-ci. Pour un usage général, on recommande les épingles numéros 1, 2 et 3.

On dépose les insectes à monter sur une feuille de papier blanc ou sur une planchette de mousse de polystyrène. S'ils sont trop secs, on les installe quelques heures dans une chambre humide. Par convention, l'épingle est piquée dans le thorax de l'insecte, à un endroit précis qui varie selon l'ordre auquel il appartient (figure 4.2): dans la partie postérieure droite du pronotum des orthoptères, des grylloptères et des dictuoptères; près de la base et du bord interne de l'élytre droit des coléoptères; légèrement à droite de la ligne médiane du scutellum des hémiptères; entre la base des ailes antérieures et sur la ligne médiane du thorax chez les lépidoptères et les ordres d'insectes aquatiques (sauf les odonates); entre la base des ailes antérieures et légèrement à droite de la ligne médiane chez les diptères et les hyménoptères; entre la base des ailes postérieures et sur la ligne médiane du thorax des odonates. On réserve environ 1 cm entre la face dorsale du spécimen et la tête de l'épingle, ce qui facilite les manipulations ultérieures et donne une meilleure apparence à la collection.

Les spécimens de moins d'un centimètre, que l'on risque d'abîmer ou de déformer en les transperçant d'une épingle, sont généralement collés sur de petites pointes de carton mince. Pour les confectionner, on utilise un

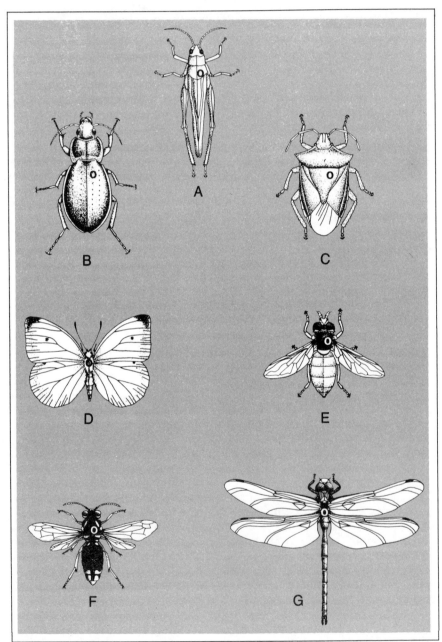

Figure 4.2 — Épinglage des spécimens. Les cercles noirs ou blancs indiquent l'endroit précis où l'épingle doit pénétrer. A, criquet (orthoptère). B, carabe (coléoptère). C, punaise (hémiptère). D, piéride (lépidoptère). E, syrphe (diptère). F, guêpe sociale (hyménoptère). G, libellule (odonate).

poinçon spécial ou on découpe une bande de carton de 8 mm de largeur en petites sections selon une ligne brisée (figure 4.3 A). On enfonce ensuite l'épingle dans la base du petit triangle et on remonte celui-ci jusqu'à environ 1 cm de la tête de l'épingle. Un bloc d'étiquetage facilitera l'opération (voir étiquetage). Une petite goutte de colle est appliquée à l'extrémité de la pointe. On utilise de préférence une colle lavable (soluble dans l'eau); les spécimens pourront ainsi être décollés et remontés au besoin. On colle l'insecte sur son flanc droit (thorax ou base des élytres) et on s'assure qu'il garde une position horizontale (figure 4.3 B).

Si un appendice se brise ou si un spécimen «perd la tête», on évite de coller la pièce sur le spécimen. Il est préférable de la fixer sur un carton de taille appropriée qui sera disposé sous le spécimen monté sur épingle. Ici encore, on utilise une colle qui se dilue dans l'eau au cas où la partie collée serait nécessaire pour compléter l'identification.

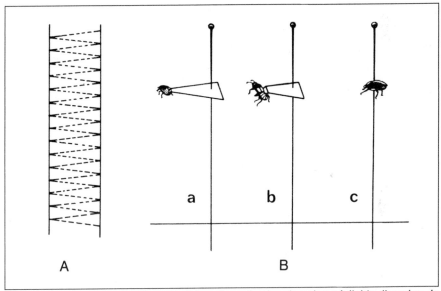

Figure 4.3 — Insectes montés sur pointes. A, confection de pointes à l'aide d'une bande de carton mince de 8 mm de largeur. B, exemples: a, sur pointe droite; b, sur pointe «cassée»; c, vue latérale d'un insecte monté sur pointe.

▦ Étalement

Plusieurs entomologistes étalent les insectes pour les mettre en valeur ou encore leur donner une position naturelle. Des insectes bien préparés rehaussent l'apparence d'une collection et en facilitent l'étude. Ce travail nécessite de la patience et une certaine dextérité manuelle; aussi il vaut mieux miser sur la qualité que sur la quantité.

On utilise des planchettes de polystyrène ou de bois tendre d'environ 3 cm d'épaisseur pour monter les spécimens. On y enfonce l'épingle portant l'insecte. En utilisant d'autres épingles, on coince les pattes et les antennes en position naturelle, sans toutefois occuper une trop grande surface. Par exemple, les longues antennes des longicornes seront disposées le long de leur corps. Pour les petits spécimens, on se contentera de dégager les côtés du thorax en poussant les fémurs vers le bas. Cette opération facilitera grandement l'identification en permettant de bien voir les structures thoraciques et les pleures. Quelques heures après le montage, on révise les spécimens pour parfaire la position des appendices (s'ils ne sont pas déjà raidis).

Pour bien disposer les ailes des lépidoptères, des trichoptères, des mégaloptères ou des neuroptères, on utilise des étaloirs. Il est facile de s'en fabriquer à l'aide de morceaux de mousse bleue de polystyrène d'environ 3 cm d'épaisseur (vendue chez les marchands de matériaux de construction). À l'aide d'un couteau de précision («x-acto»), on découpe des planchettes rectangulaires de dimensions variées: 30 cm sur 10 cm et 30 cm sur 15 cm par exemple. Au centre, on creuse une rainure de 5 à 7 mm de largeur sur les planchettes étroites et de 10 à 12 mm de largeur sur les plus grandes (figure 4.4). Ces rainures auront 10 mm de profondeur et recevront le corps des insectes. Les lépidoptéristes possèdent généralement plusieurs étaloirs de différents formats; le débutant aura avantage à confectionner quelques étaloirs avec une rainure à bords convergents pouvant accepter des spécimens de différentes tailles. Les lépidoptéristes se fabriquent aussi des étaloirs en bois mou; certains modèles vendus par des compagnies spécialisées possèdent même une rainure à bords variables. Pour plus d'informations sur les étaloirs en bois, on devra consulter les ouvrages publiés sur les lépidoptères.

L'étalement des ailes d'un papillon est une opération délicate; il faut d'abord s'assurer qu'il est suffisamment malléable. Si les articulations des ailes sont trop raides, placer le spécimen dans la chambre humide pour quelques heures. Après avoir épinglé le spécimen, on enfonce l'épingle au centre de la rainure de l'étaloir, jusqu'à ce que la base des ailes soit au niveau des surfaces latérales (figure 4.5). On immobilise le corps du papillon en croisant deux épingles sous son abdomen. À l'aide d'une bandelette de papier, on rabat les ailes gauches sur l'étaloir; on fixe temporairement la bandelette par deux épingles piquées d'abord à quelques cm pour maintenir les ailes ouvertes. On répète la même manipulation pour le côté droit. Il ne reste plus qu'à positionner correctement les ailes. D'une main, on soulève une des bandelettes et à l'aide d'une épingle appuyée juste à l'arrière de la costa (première nervure de l'aile), on pousse l'aile antérieure jusqu'à ce que sa marge postérieure forme un angle droit avec le corps; on l'immobilise en piquant une épingle dans la bandelette, de 2 à 3 mm **à l'avant** de l'aile. On avance ensuite l'aile postérieure de façon à cacher sa marge antérieure sous l'aile antérieure; on l'immobilise avec une épingle piquée de 2 à 3 mm **à l'arrière** de l'aile, sur la bandelette. On recommence du côté droit. Éviter de perforer les ailes en les manipulant avec les épingles. Finalement, les antennes doivent former un «V» en évidence entre les ailes antérieures.

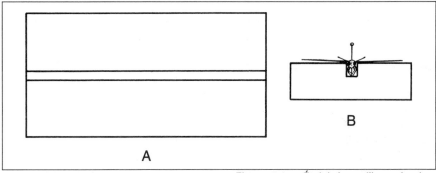

A

B

Figure 4.4 — Étaloir à papillons. A, planchette de 20 cm sur 10 cm, avec rainure de 7 mm. B, vue d'une extrémité de la planchette, avec un papillon épinglé.

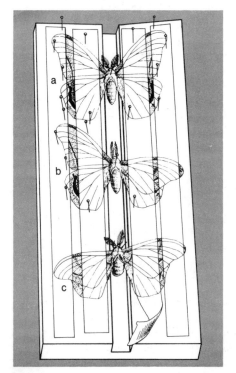

Figure 4.5 — Étalement des ailes d'un papillon nocturne. a, premier spécimen prêt pour le séchage; b, il ne reste plus qu'à placer les ailes droites et les antennes; c, troisième spécimen simplement épinglé dans la rainure.

■ Séchage

On laisse sécher les spécimens montés dans un endroit sec et bien aéré pendant deux ou trois semaines. Éviter l'exposition au soleil qui décolore les spécimens et surveiller les dermestides (coléoptères) friands de cadavres d'insectes.

On suggère la fabrication d'un séchoir à insectes avec quelques planches de contreplaqué (figure 4.6) pour accélérer le séchage et préserver les couleurs des spécimens. Les dimensions du séchoir varient selon les besoins de l'utilisateur. Trois parois verticales maintiennent des tablettes horizontales percées de trois à six ouvertures d'environ 2 cm de diamètre. On confectionne une porte avec charnière où l'on fixe le quatrième panneau vertical à l'aide de petits crochets et de vis. Une ampoule de 25W est fixée à quelques centimètres sous le centre du plancher du séchoir; juste au-dessus de l'ampoule, on fixe une feuille d'aluminium sous la tablette. Le fonctionnement du séchoir est simple: l'ampoule réchauffe l'air ambiant, cet air chaud monte, traverse les niveaux supérieurs et dessèche les spécimens déposés dans les papillotes ou sur les planchettes de polystyrène.

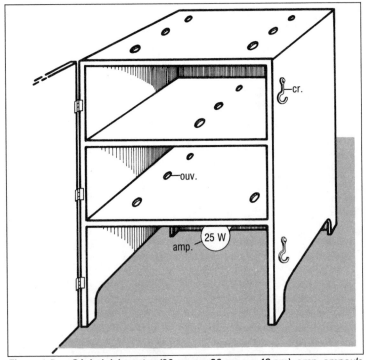

Figure 4.6 — Séchoir à insectes (30 cm sur 30 cm sur 40 cm). amp. ampoule de 25 W; cr. crochet pour maintenir la porte fermée; ouv. ouverture laissant circuler l'air chaud.

■ Étiquetage

Généralement, chaque insecte monté sur épingle est accompagné de deux étiquettes: l'une donnant des renseignements sur sa capture et l'autre sur son identification. Un bloc d'étiquetage accélérera et uniformisera la disposition des insectes et des étiquettes sur les épingles. Ayant la forme d'un cube ou d'un escalier (figure 4.7), ces blocs sont percés de trous de différentes profondeurs (25 mm, 18 mm et 12 mm), ce qui permet d'étager les étiquettes.

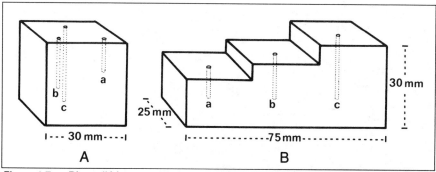

Figure 4.7 — Blocs d'étiquetage. A, forme cubique. B, en escalier. Profondeurs: a, 12 mm; b, 18 mm; c, 25 mm.

Notées scrupuleusement au moment de la capture des spécimens, les informations essentielles (localité, division de recensement, date et nom du collectionneur) proviennent du carnet d'excursion ou de bouts de papier insérés dans les flacons collecteurs, les bouteilles d'alcool ou inscrits sur les papillotes. Elles sont consignées sur la première étiquette (figure 4.8). On peut y ajouter le nom du pays, de l'état ou de la province, de même qu'un numéro se référant aux notes de terrain ou au lot de la collection. Ces informations permettront à un autre entomologiste de connaître le lieu et la période de récolte d'une espèce donnée. Il pourra éventuellement communiquer avec le collectionneur pour en savoir plus sur l'habitat et la méthode de capture.

On vérifie le nom de la localité et le nom de la division de recensement (abusivement appelée comté) dans le *Répertoire toponymique du Québec* (Commission de toponymie, 1978). Cet ouvrage comprend plus de 40 000 noms de villages, de lacs et de rivières du Québec. Il indique pour chaque entité la division de recensement, la longitude et la latitude. Les 74 divisions de recensement sont stables et leurs limites ne sont pas modifiées comme c'est souvent le cas pour les circonscription électorales. Plusieurs municipalités, lacs et rivières ont des noms fort similaires ou même identiques; en précisant la division de recensement, on évite toute confusion. On devrait trouver ce répertoire dans toute bonne bibliothèque ou encore dans une librairie de Les Publications du Québec.

Pour indiquer la date de capture, il est préférable de représenter le mois par des chiffres romains. Ainsi le 12 juin 1984 devient: 12-VI-84. Cette présentation évite toute confusion. En effet, si un francophone écrit 12-06-84, un anglophone écrira 06-12-84 («June, the 12th, 1984»). Une tendance récente suggère 840612 et on ne peut prédire quelle sera la mode dans quelques années.

Attention! On ne doit sous aucun prétexte inventer des informations qui ont été omises ou perdues. Cela induirait d'autres entomologistes en erreur. C'est une question d'honnêteté scientifique.

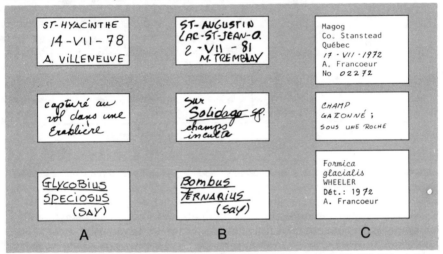

Figure 4.8 — Exemples d'étiquettes apposées sous une saperde de l'érable (A), un bourdon tricolore (B) et une fourmi noire des champs (C).

La première étiquette est quelquefois complétée par une seconde portant des renseignements additionnels: des mots clés indiquant l'habitat (forêt mixte, bord de rivière, champ inculte); le nom d'une plante-hôte (sur feuille d'asclépiade, sur fleur de pissenlit); une technique particulière de capture (piège-fosse, piège lumineux).

La dernière étiquette porte habituellement le nom du genre, le nom de l'espèce et le nom de l'auteur qui a décrit l'espèce. Il est suggéré d'ajouter le nom de celui qui a effectué l'identification de même que l'année en cours (figure 4.8). Les insectes identifiés par des spécialistes de divers groupes deviennent des spécimens de référence; il faut donc pouvoir les retracer facilement. D'autre part, indiquer l'année qui permet de vérifier rapidement si l'identification a été faite avant ou après la révision d'un groupe.

À l'exception de certaines espèces faciles à identifier, le débutant ne doit pas espérer apposer cette étiquette avant quelque temps. Il faut d'abord se familiariser avec les principaux ordres d'insectes, ensuite s'attaquer aux clés d'identification des familles, puis à celles des genres et des espèces. Les problèmes d'identification sont fréquents et proviennent d'une incompréhension des caractères morphologiques. S'il subsiste un doute sur l'identification, il est suggéré, soit de rencontrer d'autres entomologistes plus expérimentés, soit d'obtenir des spécimens de référence dûment identifiés ou encore d'envoyer ses spécimens à un spécialiste pour une identification sûre (voir la procédure à suivre pour l'envoi d'insectes).

Les données des étiquettes sont habituellement écrites à la main sur un carton souple ou dactylographiées pour être ensuite réduites par reprographie. Si l'on écrit à la main sur des fiches blanches, il faut alors uniformiser la taille des étiquettes dans la collection. De plus, si elles sont trop grandes, elles risquent d'abîmer les appendices des spécimens voisins. L'utilisation d'un stylo à pointe fine et à encre indélébile permet aussi une présentation soignée. La plupart de ces stylos ont une pointe interchangeable et sont disponibles dans les papeteries ou les magasins de matériel d'artistes.

■ Mise en collection

■ Boîtes de collection

Les fournisseurs de matériel entomologique offrent un large éventail de boîtes de collection. Ces boîtes sont faites de bois ou de carton avec couvercle cartonné, vitré ou de plastique transparent (figure 4.9). Pour le débutant, les boîtes de carton vendues dans les papeteries feront l'affaire. Plus tard, si l'on considère l'achat de boîtes de bois et d'armoires entomologiques (espace de rangement, coût, etc.), il faudra bien évaluer ses besoins et ses disponibilités. Les conseils d'un entomologiste chevronné seront alors très précieux.

On peut aussi confectionner soi-même ses premières boîtes. D'une hauteur minimale de 5 à 6 cm, les boîtes choisies seront dans la mesure du possible hermétiques. Au besoin, on renforce les côtés en disposant verticalement une bande de carton rigide sur le périmètre intérieur de la boîte (figure 4.9 B). On coince ensuite une planchette de mousse de polystyrène d'environ 1 cm d'épaisseur dans le fond. Si la planchette n'est pas stable, on la colle au fond.

On peut utiliser une ou deux boîtes pour les spécimens nouvellement montés et non identifiés. Les autres boîtes peuvent contenir les spécimens groupés par ordres, familles, genres ou espèces. La recherche d'un groupe sera facilitée si l'on colle sur un côté de chacune des boîtes de petits cartons rectangulaires pour indiquer leur contenu.

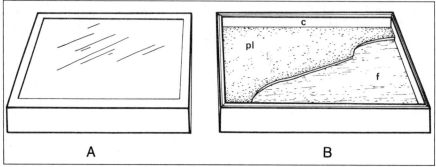

A   B

Figure 4.9 — Boîte de collection. A, boîte de démonstration avec vitre ou feuille de plasti-que transparent collée aux rebords du couvercle. B, fond d'une boîte de carton dont les côtés sont renforcés. c, bande de carton rigide; f, fond de la boîte; pl, planchette de polystyrène.

■ Conservation des collections

Les deux plus grands ennemis des collections sont l'humidité et... les insectes. Les boîtes entomologiques doivent être placées dans un endroit sec. L'humidité favorise le développement de moisissures sur les spécimens, l'apparition de la rouille sur les épingles et l'intrusion des psoques (poux des livres) qui grignotent la collection.

Les dermestes et les anthrènes (coléoptères) causent des dommages sérieux en perforant et en dévorant les cadavres d'insectes. Après un entreposage prolongé, une collection infestée de dermestes ne se composera plus que d'une série d'épingles, de cartons et de petits tas de poussière. On prévient les invasions en déposant quelques grammes de paradichlorobenzène ou de naphtalène dans un papier-mouchoir ou un petit carré de tissu, plié plusieurs fois et épinglé dans un coin de la boîte. Tous les deux ou trois mois, selon l'herméticité de la boîte, on y ajoutera des cristaux. Il se vend également sur le marché des plaquettes de plastique imprégnées de pesticide «dichlorvos». Un bloc de 5 mm carré de ce produit dans une boîte hermétique protège la collection de six mois à un an. Une vérification régulière de l'état des collections demeure la meilleure protection contre les dommages.

■ Valeur d'une collection

La valeur scientifique d'une collection provient de la justesse des informations inscrites sur les étiquettes et de la qualité du montage. De plus, on devrait accorder autant d'importance aux données de terrain (accumulées dans le carnet d'excursion) qu'aux spécimens. Quant à sa valeur esthétique, elle dépend de la présentation des spécimens. Des insectes complets et bien montés donneront une belle apparence à une collection et feront la fierté du propriétaire.

Chaque collection d'insectes est unique et représente une somme considérable d'efforts. Pour cette raison, si l'intérêt du collectionneur pour l'étude des insectes diminue et si sa collection risque de s'abîmer ou de se perdre, il serait judicieux qu'il l'offre à un autre entomologiste ou qu'il la dépose dans une collection publique (muséologique, universitaire ou gouvernementale).

■ Utilisation d'un stéréomicroscope

L'entomologiste s'aperçoit rapidement des limites optiques de la loupe à main. Il recherche naturellement un appareil plus puissant qui facilite l'observation, l'identification, le dessin et même la dissection des insectes. Le stéréomicroscope (ou loupe binoculaire; figure 4.10) remplit ces diverses fonctions. Malheureusement, ces appareils valent de quelques centaines à quelques milliers de dollars. Il existe toutefois des appareils usagés à prix abordables. Si l'on est étudiant, on peut vérifier la disponibilité d'appareils dans son établissement d'enseignement. Certains clubs de science et associations d'entomologistes amateurs se réunissent régulièrement dans quelques villes du Québec et permettent l'accès à un certain nombre d'appareils (voir Appendice A).

Il faut éviter les stéréomicroscopes qui n'ont pas un oculaire réglable à la vue de l'utilisateur. La faible profondeur du champ rend cette mise au point nécessaire afin que les deux yeux soient à la même distance du plan de l'objet observé. On évite ainsi la fatigue visuelle et les maux de tête. En supposant que l'oculaire réglable est à gauche, on doit avec la poignée faire la mise au point sur un détail de l'insecte en fermant l'oeil gauche. On ne touche plus à la poignée. Maintenant, en regardant de l'oeil gauche seulement, on fait la mise au point sur le même détail en tournant l'anneau de mise au point de l'oculaire gauche. Cette procédure devrait, en principe, être répétée pour chaque rapport de grossissement. Un appareil bien ajusté doté d'un éclairage approprié permet un travail soutenu pendant plusieurs heures sans maux de tête.

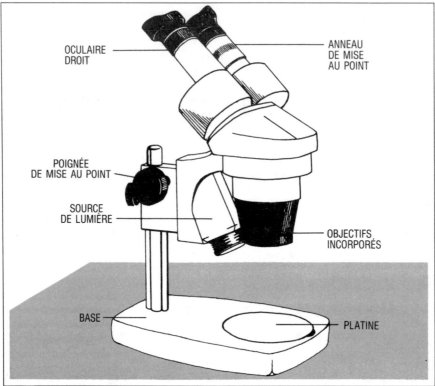

OCULAIRE
DROIT

ANNEAU
DE MISE
AU POINT

POIGNÉE
DE MISE AU POINT

SOURCE
DE LUMIÈRE

OBJECTIFS
INCORPORÉS

BASE

PLATINE

Figure 4.10 — Modèle de stéréomicroscope.

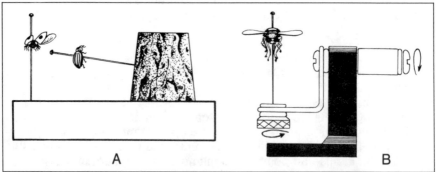

A   B

*Figure 4.11 — Supports pour observation. A, base en bois mou ou en polystyrène et bou-
chon de liège. B, statif permettant une rotation du spécimen sur deux axes.*

Pour examiner les spécimens sur épingle avec un stéréomicroscope, il est quelquefois nécessaire d'utiliser un support; un modèle courant est illustré à la figure 4.11 A. Il est constitué d'une planchette de liège ou de polystyrène sur laquelle on colle un bouchon de liège. La base du support est découpée en fonction de la surface de la platine (base) de l'appareil. On peut aussi se procurer un statif (figure 4.11 B) chez certains fournisseurs de matériel entomologique. Ce petit instrument permet une rotation sur deux axes du spécimen, ce qui est fort utile pour l'examen des détails morphologiques.

■ Envoi d'insectes pour identification

Malgré la consultation de différents ouvrages d'identification, de personnes ressources et de spécimens de référence, il faut quelquefois recourir à un spécialiste pour compléter ou confirmer l'identification d'un ou de plusieurs insectes.

Si l'on connaît personnellement le spécialiste d'un groupe, on peut lui envoyer les spécimens avec une lettre explicative. S'il n'habite pas trop loin, peut-être est-il préférable de prendre un rendez-vous et de le rencontrer. Ces rencontres débouchent généralement sur une explication des caractères taxonomiques, des méthodes de capture, de la biologie des insectes concernés. Bref, elles donnent accès à tout un patrimoine verbal d'expériences et d'observations non consignées dans les livres.

Dans le cas contraire, il faut s'adresser à un établissement spécialisé offrant un service d'identification. L'Institut de recherches biosystématiques (ministère de l'Agriculture du Canada, Ottawa, Ontario, K1A 0C6) offre un tel service. Le premier contact pourrait s'effectuer par courrier. Dans une première lettre, il faut demander:

1) s'il existe un spécialiste du groupe d'insectes à identifier;
2) quelle est la méthode de montage demandée par le spécialiste (Martin 1977);
3) quels sont les délais d'identification.

Après une réponse positive, une deuxième lettre devra accompagner les spécimens et expliquer le projet de recherche et le degré d'identification désiré (famille, genre ou espèce). Les échantillons envoyés doivent tous être étiquetés, numérotés et accompagnés du plus grand nombre possible de données (plante ou animal-hôte, habitat, méthode de capture, etc.). Les procédures sont longues et fastidieuses et les délais peuvent varier de quelques semaines à plus de 18 mois.

Le spécialiste prélève généralement quelques spécimens pour les déposer dans une collection officielle; il faut considérer ce geste comme une juste rétribution de son effort. Ces insectes servent à confirmer ou étendre la répartition géographique d'espèces, ou encore à en décrire de nouvelles.

L'envoi d'insectes par la poste nécessite beaucoup de précautions. Les spécimens montés sur épingle sont déposés dans une première boîte de dimension minimale (figure 4.12). On enfonce les épingles profondément dans le fond du polystyrène de la boîte. Une boule de ouate piquée dans un coin immobilisera tout insecte ou un appendice tombé d'une épingle, éliminant ainsi les risques de bris sur les autres spécimens. Un carton ondulé ou une deuxième planchette de polystyrène peut combler le vide entre la tête des épingles et le couvercle retenu par des rubans adhésifs. On prépare ensuite une deuxième boîte de carton, au moins deux fois plus grande que la première. On la remplit à moitié de papier journal froissé ou de polystyrène en grain; on dépose la boîte d'insectes au centre et on termine le remplissage de la grande boîte. Il ne faut pas trop tasser le matériel de remplis-

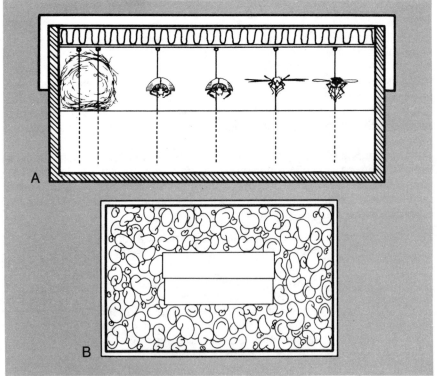

Figure 4.12 — Boîtes pour expédition. A, première boîte contenant les insectes. B, grande boîte avec du matériel de remplissage.

sage, sinon il n'absorbera pas les chocs de façon appropriée. La grosse boîte est solidement fermée et adressée. L'inscription FRAGILE doit y être apposée.

Les papillotes sont aussi expédiées de la même façon. Les espaces vides sont comblés avec du coton hydrophile pour éviter le brassage des papillotes. Si l'on désire envoyer des spécimens préservés dans l'alcool, il faut emballer chaque contenant séparément et les mettre dans une boîte qui sera elle-même déposée dans une autre plus grande.

□ *Ouvrages suggérés: Colas (1969); Martin (1983); Villiers (1977).*

Groupes voisins des insectes

Le phylum des arthropodes représente à lui seul environ 80 % des espèces animales. Les organismes qui en font partie revêtent une variété presque infinie de formes et de modes de vie. Tous les arthropodes possèdent un squelette externe; leur corps est segmenté et chaque segment est pourvu ou non d'une paire d'appendices articulés. Le tableau A-1 présente les caractéristiques des principaux groupes d'arthropodes: les arachnides, les crustacés, les myriapodes et les hexapodes.

Les araignées (figure A.1), les mites * (figure A.2), les tiques, les pseudoscorpions (figure A.3) et les faucheux (opilions) sont des arachnides. Ils forment le groupe le plus fréquemment rencontré après celui des insectes.

Les amateurs de fruits de mer connaissent déjà quelques crustacés: homards, crabes, langoustes et crevettes. Certains, de taille moyenne à minuscule, vivent en eau douce: les gammares, les cyclopes et les daphnies. Enfin, quelques espèces, comme le cloporte (figure A.4), sont adaptées à la vie terrestre. Les cloportes fréquentent les milieux humides; on les trouve fréquemment dans les caves ou sous de vieilles planches déposées sur le sol.

Les myriapodes (ou mille-pattes) ont un corps allongé, formé d'un grand nombre d'anneaux portant chacun une (chilopodes) ou deux (diplopodes) paires de pattes. Les chilopodes sont des prédateurs; par exemple la lithobie poursuit les petits insectes sous les pierres et sous les écorces des arbres morts. Les diplopodes (figure A.5) se rencontrent dans les milieux humides et se nourrissent de matière végétale en décomposition.

Le groupe des hexapodes (animaux à six pattes) comprend les insectes, les collemboles, les diploures et les protoures. Les représentants des trois dernières classes sont aptères et vivent dans le sol. Au repos, leurs pièces buccales se rétractent dans une cavité de la tête. Les diploures et les protoures ne comptent qu'une dizaine d'espèces au Canada; leur biologie est mal connue.

---

* Le terme «mite» n'a ici rien à voir avec la teigne des vêtements (lépidoptère); il désigne de minuscules acariens qui peuplent une grande variété de milieux terrestres et aquatiques.

Figure A.1 — Araignée.

Figure A.3 — Pseudoscorpion.

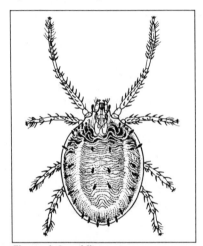

Figure A.2 — Mite.

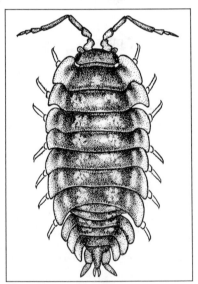

Figure A.4 — Cloporte.

Figure A.5 — Millipède.

Tableau A.1 — Caractéristiques des principaux groupes d'arthropodes

	ARACHNIDES	CRUSTACÉS	MYRIAPODES	HEXAPODES
Division du corps	deux parties: céphalothorax et abdomen	deux parties: céphalothorax et abdomen	deux parties: tête et reste du corps	trois parties: tête, thorax et abdomen
Antennes	absentes	deux paires	une paire	une paire
Pattes	quatre paires* fixées au céphalothorax	nombre très variable d'appendices thoraciques et abdominaux	plus de 9 paires dont une ou deux par segment	trois paires
Ailes	absentes	absentes	absentes	zéro, une ou deux paires
Habitat	terrestre ou aquatique	majoritairement aquatique	terrestre	terrestre ou aquatique

* Chez les araignées, il ne faut pas confondre les palpes avec une paire d'antennes ou une paire de pattes.

Renseignements utiles

■ Revues et périodiques entomologiques

Fabreries est publié quatre fois par an par l'Association des entomologistes amateurs du Québec (AEAQ), Case postale 52, Sillery (Québec) G1T 2P7.

Depuis 1973, l'AEAQ regroupe des personnes de tout âge intéressées au monde fascinant des insectes. On peut obtenir une liste des activités en écrivant à l'adresse ci-dessus.

Revue d'entomologie du Québec est publié 2 fois par an par la Société d'entomologie du Québec (SEQ), Complexe scientifique du Québec, 2700, rue Einstein, Sainte-Foy (Québec) G1P 3W8.

Déjà centenaire, la SEQ regroupe des entomologistes professionnels, des étudiants gradués et un bon nombre de gens intéressés à l'étude des insectes.

The Canadian Entomologist est publié 12 fois par an par la Société entomologique du Canada (SEC), 1320 Carling Ave., Ottawa (Ontario) K1Z 7K9.

La SEC regroupe principalement les entomologistes professionnels canadiens et leurs étudiants gradués. Il y a peu d'articles publiés en français dans le Can. Ent.

■ Publications diverses

TRÉPANIER Jean-Pierre, 1977. **La réalisation d'un projet de recherche.** Collection: Guide scientifique en sciences naturelles. Conseil de Développement du Loisir scientifique (CDLS), 1415, rue Jarry est, Montréal (Québec) H2E 2Z7.

Cercles des Jeunes Naturalistes. 1983. **Le naturaliste observateur.** 2e édition. Éditions Marcel Broquet, Case postale 310, Laprairie (Québec) J5R 3Y3.

Il existe d'autres publications adaptées à différents groupes d'âge, par exemple: Le naturaliste chercheur, découvreur, explorateur et interprète.

■ Fournisseurs de matériel scientifique*

Le Naturaliste, 4, rue de l'Évêché est, Case postale 815, Rimouski (Québec) G5L 1X4.

Le Nautilus, 4840, rue Saint-Denis, Montréal (Québec) H2J 2L6.

Ward's Natural Science Ltd., 1840 Mattawa Ave., Mississauga (Ontario) L4X 1K1.

Bioquip Products, Post Office Box 61, Santa Monica, CA 90406, États-Unis.

---

* Au besoin, on suggère de faire venir leur catalogue.

Bibliographie

La liste présentée ici n'est pas exhaustive. Elle comprend à la fois des livres d'introduction, des guides d'identification et des livres plus spécialisés. Nous recommandons la consultation des ouvrages dans les bibliothèques spécialisées (collégiales ou universitaires) avant d'en faire l'achat. On se renseignera auprès de l'Association des entomologistes amateurs du Québec sur la disponibilité des suppléments de Fabreries et de Cordulia (voir appendice B).

ARNETT, R.H. JR, N.M. DOWNIE et H.E. JAQUES. 1980. *How to know the beetles.* 2e édition. Wm.C. Brown, Dubuque, Iowa. 234 p.

ARNETT, R.H. JR et R.L. JACQUES, JR. 1981. *Insects.* Collection: Simon and Schuster's guide. Fireside Book, New York. 511 p.

ASKEW, R.R. 1973. *Parasitic insects.* Heinemann Educational Books, Toronto. 316 p.

BEIQUE, R. et G. BONNEAU. 1979. *Les principaux insectes défoliateurs des arbres du Québec.* Ministère de l'Énergie et des Ressources, Québec. 188 p.

BENOIT, P. 1985. *Nomenclatura Insectorum Canadensium, Noms d'Insectes du Canada,* Insect Names in Canada. 5e édition. Centre de recherches forestières des Laurentides. Service canadien des Forêts, Sainte-Foy (Québec). 299 p.

BLAKER, A.A. 1976. *Field photography.* Beginning and advanced techniques. W.H. Freeman, San Francisco. 451 p.

BLAKER, A.A. 1977. *Handbook for scientific photography.* W.H. Freeman, San Francisco. 319 p.

BLANEY, W. 1976. *Ainsi vivent les insectes.* Collection: Ainsi vivent les animaux. Elsevier Séquoia, Bruxelles. 159 p.

BLAND, R.G. et H.E. JAQUES. 1978. *How to know the insects.* 3e édition. Wm.C. Brown, Dubuque, Iowa. 409 p.

BORROR, D.J., D.M. DELONG et C.A. TRIPLEHORN. 1981. *An introduction to the study of insects.* 5e édition. Saunders College Publication, Montréal. 827 p.

BORROR, D.J. et R.E. WHITE. 1970. *A field guide to the insects of America North of Mexico.* Collection: Peterson field guide. Houghton Mifflin, Boston. 404 p.

CHAGNON, G. et A. ROBERT. 1962. *Principaux coléoptères de la province de Québec.* 2e édition. Presses de l'Université de Montréal, Montréal. 440 p.

CHAPMAN, R.F. 1982. *The insects: structure and function.* Harvard University Press, Cambridge, Massachusett. 919 p.

CHAUVIN, R. 1967. *Le monde des insectes.* Collection: L'univers des connaissances. Hachette, Paris. 254 p.

CHINERY, M. 1976. *Les insectes d'Europe en couleurs.* Elsevier Séquoia, Bruxelles. 380 p.

CHU, H.F. 1949. *How to know the immature insects.* Wm.C. Brown, Dubuque, Iowa. 234 p.

COITEUX, L.-P. 1977. *La chasse photographique.* L'art de photographier la nature. Éditions de l'Homme, Montréal. 224 p.

COLAS, G. 1969. *Guide de l'entomologiste.* Édition Nouvelle Boubée, Paris. 314 p.

Commission de toponymie. 1978. *Répertoire toponymique du Québec.* Éditeur officiel du Québec, Québec. 1198 p.

COVELL, C.V.Jr. 1984. *A field guide to the moths of Eastern North America.* Collection: Peterson field guide. Houghton Mifflin, Boston. 496 p.

CYR, M. 1977. *Les insectes.* Collection: Techniques en sciences naturelles. Camp-école Chicobi, Guyenne, Québec. 72 p.

DALY, H.V., J.T. DOYEN et P.R. EHRLICH. 1978. *Introduction to insect biology and diversity.* McGraw Hill Book, Montréal. 564 p.

DANKS, H.V. (éditeur) 1979. *Canada and its insect fauna.* Memoirs of the Entomological Society of Canada. n° 108, 573 p.

DIERL, W. 1979. *Insectes.* Collection: Guide Nathan-Nature. Fernand Nathan, Paris. 144 p.

DILLON, E.S. et L.S. DILLON. 1972. *A manual of common beetles of Eastern North America.* Dover Publication, New York. 2 volumes, 894 p.

DUFFY, D.N. et J.A. GARLAND. 1978. *Les papillons Hespérides de la province de Québec (Lepidoptera: Hesperiidae).* Mémoires du Lyman entomological Museum and Research Laboratory, n° 5, 165 p.

DURAND, A. 1975. *Photo ciné macro graphie.* Publications Photo Cinéma Paul Montel, Paris. 216 p.

EHRLICH, P.R. et A.H. EHRLICH. 1961. *How to know the butterflies.* Wm.C. Brown, Dubuque, Iowa. 262 p.

EVANS, H.E. 1984. *Insect biology, a textbook of entomology.* Addison-Wesley, Reading, Massachusett. 436 p.

FABRE, J.-H. 1924. *Souvenirs entomologiques.* Études sur l'instinct et les mœurs des insectes. Delagrave, Paris. 10 volumes.

FABRE, J.-H. 1958. *La vie des insectes.* Collection: Marabout Université (MU 345). Verviers, Belgique. 180 p.

FABRE, J.-H. 1960. *Mœurs des insectes.* Collection: Marabout Université (MU 344). Verviers, Belgique. 182 p.

FABRE, J.-H. 1961. *Les merveilles de l'instinct chez les insectes.* Collection: Marabout Université (MU 346). Verviers, Belgique. 170 p.

FABRE, J.-H. 1962. *Les insectes, peuple extraordinaire.* Collection: Marabout Université (MU 347). Verviers, Belgique. 180 p.

FINNAMORE, A.T. 1982. *The Sphecoidea of Southern Quebec (Hymenoptera).* Memoirs of the Lyman entomological Museum and Research Laboratory, n° 11, 348 p.

FITCHER, G.S., H.S. ZIM et N. STREKALOVSKY. 1966. *Insect pests.* Golden Press, New York. 160 p.

GILLOT, C. 1980. *Entomology.* Plenum Press, New York. 729 p.

GRASSÉ, P.P. *Traité de zoologie.* Masson, Paris. [Tome VIII, Fascicule 1, 1973; Tome VIII, Fascicule 3, 1975; Tome IX, 1949. 11 ι7 p.; Tome X, 1951. 1648 p.].

HELFER, J.R. 1972. *How to know the grasshoppers, cockroaches and their allies.* Wm.C. Brown, Dubuque, Iowa. 359 p.

HOLLAND, G.P. 1949. *The Siphonaptera of Canada.* Canadian Department of Agriculture. Technical Bulletin 70, 306 p.

HOLLAND, W.J. 1968. *The moth book.* Dover Publication, New York. 479 p.

HOWE, W.H. 1975. *The butterflies of North America.* Doubleday, New York. 633 p.

HUTCHINSON, R. et A. LAROCHELLE. 1977a. *Catalogue des libellules du Québec.* Cordulia, Supplément 3, 45 p.

HUTCHINSON, R. et A. LAROCHELLE. 1977b. *Manuel d'identification des libellules du Québec.* Cordulia, Supplément 4, 102 p.

KLOTS, A.B. 1951. *A field guide to the butterflies.* Collection: Peterson field guide. Houghton Mifflin, Boston. 349 p.

KROMBEIN, K.V., P.D. HURD, Jr, D.R. SMITH et B.D. BURKS. (éditeurs). 1979. *Catalog of Hymenoptera in America North of Mexico.* Smithsonian Institution Press, Washington D.C. Volumes I, II, III, 2735 p.

LALIBERTÉ, J.-L. 1982. *Glossaire entomologique.* Aide-mémoire à l'usage de l'amateur. Fabreries, Supplément 2, 84 p.

LAPLANTE, J.P. 1985. *Papillons et chenilles du Québec et de l'est du Canada.* Éditions France-Amérique, Montréal. 280 p.

LAROCHELLE, A. 1975. *Les Carabidae du Québec et du Labrador.* Département de Biologie. Collège Bourget, Rigaud. Bulletin 1, 255 p.

LAROCHELLE, A. 1976. *Manuel d'identification des Carabidae du Québec.* Cordulia, Supplément 1, 127 p.

LAROCHELLE, A. 1977a. *Manuel d'identification des sauterelles, criquets et grillons du Québec.* Cordulia, Supplément 5, 51 p.

LAROCHELLE, A. 1977b. *Dictionnaire de l'entomologiste amateur.* Cordulia, Supplément 6, 75 p.

LAROCHELLE, A. 1978. *Catalogue des orthoptères du Québec.* Cordulia, Supplément 7, 36 p.

LAROCHELLE, A. 1979a. *Liste des coléoptères du Québec.* Cordulia, Supplément 9, 54 p.

LAROCHELLE, A. 1979b. *Les coléoptères Coccinellidae du Québec.* Cordulia, Supplément 10, 111 p.

LAROCHELLE, A. 1979c. *Les punaises à bouclier (Hemiptera: Scutelleroidea) du Québec.* Cordulia, Supplément 11, 84 p.

LAROCHELLE, A. 1984. *Les punaises terrestres (Hétéroptères: Géocorises) du Québec.* Fabreries, Supplément 3, 514 p.

LEBLANC, A. 1985. *Les Lycénidés (Lepidoptera: Lycaenidae) du Québec.* Fabreries, Supplément 4, 66 p.

LEHMKUHL, D.M. 1979. *How to know the aquatic insects.* Wm.C. Brown, Dubuque, Iowa. 168 p.

LINSENMAIER, W. 1973. *Insectes du monde.* Stock, Paris. 379 p.

MARTIN, J.E.H. 1983. *Récolte, préparation et conservation des insectes, des acariens et des araignées.* Collection: Les insectes et les arachnides du Canada. Partie 1. Publication 1643. Agriculture Canada, Ottawa. 205 p.

MATTHEWS, R.W. et J.R. MATTHEWS. 1978. *Insect behavior.* John Wiley and Sons, Toronto. 507 p.

MCALPINE, J.F., B.V. PETERSON, G.E. SHEWELL, H.J. TESKEY, J.R. VOCKEROTH et D.M. WOOD. (éditeurs). 1981. *Manual of neartic Diptera.* Volume 1. Agriculture Canada, Research Branch. Monographie n° 27, 674 p.

MERRITT, R.W. et K.W. CUMMINS (éditeurs). 1978. *An introduction to the aquatic insects of North America.* Kendall/Hunt Publishing Company, Dubuque, Iowa. 441 p.

MILNE, L. et M. MILNE. 1980. *The Audubon Society field guide to North American insects and spiders.* Alfred A. Knopf, New York. 989 p.

MORRIS, R.F. 1980. *Butterflies and moths of Newfoundland and Labrador: the Macrolepidoptera.* Agriculture Canada. 407 p.

MORRISSETTE, R. 1979. *Les coléoptères Gyrinidae du Québec.* Cordulia, Supplément 8, 43 p.

NURIDSANY, C. et M. PÉRENNOU. 1975. *Photographier la nature.* De la loupe au microscope. Hachette, Paris. 157 p.

OLROYD, H. 1964. *The natural history of flies.* Norton, New York, 324 p.

PARENTI, U. 1969. *À la découverte des insectes.* Collection: Documentaires en couleurs. Grande Batelière, Paris. 80 p.

PERRON, J.-M. 1979. *Abrégé d'entomologie.* Fabreries, Supplément 1, 125 p.

PIHAN, J.-C. 1977. *Je reconnais les insectes.* Collection: Agir et connaître. Tomes 1 et 2. André Leson, Paris. 127 et 160 p.

PRICE, P.W. 1975. *Insect ecology.* John Wiley and Sons, Toronto. 514 p.

PROVANCHER, L. ABBÉ. 1877. *Petite faune entomologique du Canada.* Presses C. Darveau, Québec. 786 p. (épuisé).

PYLE, M. 1981. *The Audubon Society field guide to North American butterflies.* Alfred A. Knopf, New York. 916 p.

ROBERT, A. 1963. *Les libellules du Québec.* Ministère de la Chasse et des Pêcheries, Québec. 223 p.

ROBERT, P.-A. 1960. *Les insectes.* Collection: Les beautés de la nature. 3e édition. Delachaux et Niestlé, Neuchâtel, Suisse. Tomes I et II, 272 et 304 p.

ROCKBURNE, E.W. et J.D. LAFONTAINE. 1976. *The cutworm moths of Ontario and Quebec.* Publication 1593. Agriculture Canada. 164 p.

Rose, A.H. et O.H. Lindquist. 1973. *Insectes des pins de l'est du Canada.* Publication 1313F. Environnement Canada. 127 p.

Rose, A.H. et O.H. Lindquist. 1977. *Insectes des épinettes, du sapin et de la pruche de l'est du Canada.* Rapport technique de foresterie 23F. Environnement Canada. 159 p.

Rose, A.H. et O.H. Lindquist. 1980. *Insectes du mélèze, du thuya et du génévrier de l'est du Canada.* Environnement Canada. 99 p.

Rose, A.H. et O.H. Lindquist. 1982. *Insectes des feuillus de l'est du Canada.* Rapport technique de foresterie 29F. Environnement Canada. 304 p.

Ross, H.H., C.A. Ross et J.R.P. Ross. 1982. *A textbook of entomology.* 4ᵉ édition. John Wiley and Sons, New York. 666 p.

Rowland-Entwistle, T. 1977. *Insectes.* Collection: Le monde qu'on ne voit jamais. Fernand Nathan, Paris. 128 p.

Sandved, K.B. et M.G. Emsley. 1978. *Merveilleux insectes.* Éditeur Denoel, Lausanne, Suisse. 125 p.

Schmid, F. 1980. *Genera des trichoptères du Canada et des États adjacents.* Collection: Les insectes et les arachnides du Canada. Partie 7. Publication 1692. Agriculture Canada, Ottawa. 296 p.

Seguy, E. 1967. *Dictionnaire des termes techniques d'entomologie élémentaire.* Éditions Lechevalier, Paris. 465 p.

Slater, J.A. et R.M. Baranowski. 1978. *How to know the true bugs.* Wm.C. Brown, Dubuque, Iowa. 256 p.

Smart, P. 1976. *Encyclopédie des papillons.* Elsevier Séquoia, Bruxelles. 275 p.

Stanek, V.J. 1969. *The pictorial encyclopedia of insects.* Hamlyn, Toronto. 544 p.

Stanek, V.J. 1980. *Encyclopédie des papillons.* 2ᵉ édition. Grund, Paris. 352 p.

Stanek, V.J. 1984. *Encyclopédie des insectes.* Coléoptères. Grund, Paris. 352 p.

Swan, L.A. et C.S. Papp. 1972. *The common insects of North America.* Harper & Row, New York. 750 p.

Thornhill, A.R. et J.B. Johnson. 1974. *The Mecoptera of Michigan.* Great Lakes Entomologist 7: 33-53.

Veilleux, C. et B. Prévost. 1976. *Les papillons du Québec.* Éditions de l'homme, Montréal. 142 p.

Vickery, V.R., D.E. Johnstone et D.K. McE. Kevan. 1974. *The orthopteroid insects of Quebec and the Atlantic provinces of Canada.* Memoirs of the Lyman entomological Museum and Research Laboratory. n° 1, 204 p.

Vickery, V.R., L.M. Crozier et M. O'c. Guibord. 1981. *Immature grasshoppers of Eastern Canada (Orthoptera: Acrididae).* Memoirs of the Lyman entomological Museum and Research Laboratory. n° 9, 74 p.

Villiers, A. 1977. *L'entomologiste amateur.* Collection: Savoir en histoire naturelle. Éditions Lechevalier, Paris. 248 p.

Webb, D.W., N.D. Penny et J.C. Marlin. 1975. *The Mecoptera, or scorpionflies, of Illinois.* Illinois natural History Survey Bulletin 31: 250-316.

WHITE, R.E. 1983. *A field guide to the beetles of North America.* Collection: Peterson field guide. Houghton Mifflin, Boston. 368 p.

WIGGINS, G.B. 1977. *Larvae of the North American caddisfly genera (Trichoptera).* University Toronto Press, Toronto. 401 p.

WIGGLESWORTH, V.B. 1970. *La vie des insectes.* La grande encyclopédie de la nature. Volume 6. Bordas, Montréal. 383 p.

WILSON, W.O. 1976. *The insect societies.* Harvard University Press, Cambridge. 548 p.

ZANETTI, A. 1976. *L'univers inconnu des insectes.* Elsevier Séquoia, Bruxelles. 255 p.

Glossaire

Abdomen *n.m.* Partie du corps de l'insecte qui suit le thorax.

Acariens *n.m.pl.* Ordre de petits arachnides comprenant les mites et les tiques.

Amétabole *n.m.* Insecte qui ne subit pas de métamorphose.

Apode *adj.* Qui n'a pas de pattes.

Aptère *adj.* Qui est dépourvu d'ailes.

Arista *n.f.* Partie terminale des antennes, allongée et mince chez certains diptères.

Arthropodes *n.m.pl.* Embranchement d'invertébrés comprenant des animaux dont le corps, recouvert d'une cuticule de chitine, est formé de pièces articulées (voir appendice A).

Article *n.m.* Chacun des fragments des antennes, des palpes et des tarses chez un arthropode.

Asphyxiante *adj.* Se dit de la chambre contenant les gaz toxiques qui causent un ralentissement ou l'arrêt de la respiration d'un insecte.

Balancier *n.m.* Appendice grêle qui remplace l'aile postérieure et qui jouerait un rôle stabilisateur chez les diptères. Quelquefois appelé haltères.

Brucelles *n.f.pl.* Pince fine à ressort servant à saisir de petits objets.

Céphalothorax *n.m.* Partie antérieure du corps, formée de la tête et du thorax soudés (arachnides, crustacés).

Cerque *n.m.* Appendice (généralement pair) situé sur le 10e ou le 11e segment abdominal.

Chélicérates *n.m.* (*chele* pince, *keros* corne, a trait à une paire d'appendices céphaliques en forme de pinces). Groupe d'arthropodes qui possèdent des appendices céphaliques appelés chélicères, en forme de crochets chez les araignées ou de pinces chez les scorpions.

Chitine *n.f.* Substance organique de structure semblable à celle de la cellulose (polysaccharide), constituant de la cuticule des insectes.

Clypéus *n.m.* Région de la tête de l'insecte située en dessous du front, à laquelle est attaché le labre.

Coxa *n.f.* Premier article de la patte; s'articule au corps. Parfois nommée hanche. Coxae au pluriel.

Cuticule *n.f.* Membrane externe de certains animaux (insectes, crustacés) qui contient de la chitine mais pas de cellules.

Décidu *adj.* Se dit des feuilles qui se détachent et tombent à l'automne. Par extension, se dit aussi des arbres qui perdent leurs feuilles et de la forêt composée de ces arbres.

Dichotomique *adj.* Qui procède par divisions et subdivisions binaires. Séparé en deux parties.

Dimorphisme sexuel *n.m.* Différence dans la forme, la taille ou la couleur des deux sexes d'une même espèce.

Écosystème *n.m.* Unité écologique de base formée par le milieu non vivant (eau, minéraux, sol, etc.) et les organismes animaux et végétaux qui y vivent.

Ectoparasite *adj., n.m.* Parasite externe.

Élytre *n.m.* Aile antérieure durcie des coléoptères et des dermaptères. Les élytres se soulèvent mais ne participent pas à la propulsion de l'insecte en vol.

Embranchement *n.m.* Voir phylum.

Exosquelette *n.m.* Squelette externe des arthropodes.

Fémur *n.m.* Troisième article de la patte, situé entre le trochanter et le tibia.

Genitalia *n.m.pl.* Ensemble de l'appareil génital.

Glabre *adj.* Dépourvu de poils, de duvet.

Habitat *n.m.* Milieu qui possède les conditions favorables à la vie d'une espèce animale ou végétale.

Haltère *n.f.* Voir balancier.

Hamuli *n.m.* Minuscules crochets situés sur la marge antérieure des ailes postérieures des hyménoptères. Ces crochets servent à les réunir aux ailes antérieures pendant le vol.

Hématophage *adj., n.m.* Qui se nourrit de sang.

Hémélytre *n.m.* Aile antérieure des hétéroptères dont la partie basale est coriacée et l'extrémité apicale membraneuse.

Hémimétaboles *adj.* Qui se dit des insectes à métamorphose imcomplète. Métamorphose simple et légère, le stade nymphal est mobile (ex.: odonates, éphémères, orthoptères, etc.).

Holométaboles *adj.* Qui se dit des insectes à métamorphose complète. Insectes dont le développement est interrompu par une période nymphale, où l'individu est le plus souvent immobile et subit de profondes modifications internes (ex.: diptères, lépidoptères, coléoptères, etc.).

Imago *n.m.* Insecte parvenu à son complet développement et capable de se reproduire. Insecte parfait.

Kératine *n.f.* Composé azoté qui est le principal constituant des poils, des ongles et de la corne. Cette substance est apparentée à la chitine.

Labium *n.m.* Lèvre inférieure qui constitue le plancher de la bouche chez les insectes.

Labre *n.m.* Lèvre supérieure qui couvre la base des mandibules et forme le toit de la cavité buccale.

Mandibule *n.f.* Chacune des deux pièces puissantes, tranchantes, placées sous la lèvre supérieure de certains insectes. Elles peuvent servir à broyer (ex.: orthoptères) ou percer (ex.: moustiques).

Maxilles *n.f.* La deuxième paire de mâchoires, moins puissantes que les premières (mandibules). Elles servent à malaxer et mâcher la nourriture chez les insectes broyeurs.

Métamorphose *n.f.* Suite de transformations que subit un insecte au cours de son développement depuis l'œuf jusqu'à L'imago. La métamorphose se divise en deux catégories: complète (holométabole) et incomplète (hémimétabole).

Multiarticulé *adj.* Qui se compose de plusieurs articles.

Myriapodes *n.m.pl.* Classe d'animaux arthropodes dont le corps est formé d'anneaux portant chacun une (centipèdes) ou deux (millipèdes) paires de pattes.

Notum *n.m.* Région dorsale d'un segment thoracique.

Ocelle *n.m.* Œil simple. Souvent au nombre de trois sur la tête des insectes adultes.

Olfactif *adj.* Relatif à l'odorat, à la perception des odeurs.

Ommatidie *n.f.* Une des unités constituantes de l'œil composé. En surface, on parle d'une facette.

Oothèque *n.f.* Groupe d'œufs enfermés dans une même coque.

Ovipositeur *n.m.* Organe à l'aide duquel les femelles déposent leurs oeufs ou les introduisent dans les tissus où ils doivent se développer.

Parasite *n.m.* Organisme animal ou végétal qui vit aux dépens d'un autre (appelé hôte), lui portant préjudice mais sans le détruire.

Parthénogénèse *n.f.* Reproduction sans fécondation, sans l'intervention des mâles.

Phylum *n.m.* Grande division du monde animal ou végétal. Synonyme moderne d'embranchement.

Phytophage *adj.* Qui se nourrit de matières végétales.

Pleure *n.m.* Région latérale d'un segment du corps.

Propodéum *n.m.* Premier segment abdominal étroitement attaché au thorax chez les hyménoptères.

Ptérygotes *n.m.pl.* Sous-classe d'insectes comprenant tous les insectes ailés.

Rostre *n.m.* Prolongement antérieur de la tête. Prolongement des pièces buccales de certains insectes (mécoptères, hétéroptères, charançons, etc.).

Sclérifié *adj.* Qui devient dur par l'addition d'autres substances que la chitine.

Sclérite *n.m.* Partie durcie ou sclérifiée de la paroi du corps, limitée par une suture ou une membrane.

Scutellum *n.m.* Sclérite de la partie dorsale arrière du thorax. Le mésoscutellum a généralement une forme triangulaire chez les coléoptères, les homoptères et les hémiptères.

Segment *n.m.* Subdivision du corps d'un arthropode.

Stéréomicroscope *n.m.* Appareil optique qui offre plusieurs grossissements et qui donne une vision en relief des objets.

Sternum *n.m.* Région ventrale d'un segment du corps.

Tarse *n.m.* Partie distale de la patte, attachée à l'extrémité du tibia. Généralement formé de deux à cinq articles, rarement d'un seul. Porte les griffes.

Tegmen *n.m.* Aile antérieure épaissie des orthoptères, des grylloptères et des dictuoptères. Les tegmina *(pl.)* participent au vol.

Tergum *n.m.* Région dorsale d'un segment du corps.

Terricole *adj.* Se dit de certains animaux qui vivent dans la terre ou dans la vase.

Thorax *n.m.* Partie du corps de l'insecte portant les organes locomoteurs. Situé entre la tête et l'abdomen.

Tibia *n.m.* Quatrième article de la patte, situé entre le fémur et le tarse.

Topographie *n.f.* Représentation graphique d'un terrain, d'une portion de territoire, avec l'indication du relief.

Trochanter *n.m.* Deuxième article de la patte, situé entre le coxa et le fémur.

☐ *Ouvrages suggérés: Laliberté (1982), Larochelle (1977b) et Seguy (1967).*

Liste
des figures

CHAPITRE 1

CHAPITRE 2

CHAPITRE 3

CHAPITRE 4

APPENDICE A

Les photographies sont de:

Lina BRETON
Ministère de l'Énergie et des Ressources
Figures 2.22 E et F

Bernard DROUIN
Ministère de l'Agriculture, des Pêcheries et de l'Alimentation
Figures 1.2, 1.3, 1.4, 1.11 et 1.15;
          2.1 B, 2.13, 2.20 C, 2.21 B et C, 2.22 A, B, C, D, 2.26 et A.1

Michel O'c GUIBORD
Ministère de l'Agriculture, des Pêcheries et de l'Alimentation
Figure 2.20 A

Daniel J. LEPRINCE
Figures 1.7 et 1.8;
          2.4, 2.17, 2.18, 2.27 et 3.1

Robert LOISELLE
Figures 2.10 et A.3

Achevé d'imprimer en janvier 1988 sur les presses
de l'Imprimerie l'Éclaireur à Beauceville